COREANO
VOCABULÁRIO

PORTUGUÊS BRASILEIRO

PORTUGUÊS
COREANO

Para alargar o seu léxico e apurar
as suas competências linguísticas

3000 palavras

Vocabulário Português Brasileiro-Coreano - 3000 palavras
Por Andrey Taranov

Os vocabulários da T&P Books destinam-se a ajudar a aprender, a memorizar, e a rever palavras estrangeiras. O dicionário é dividido em temas, cobrindo todas as principais esferas de atividades quotidianas, negócios, ciência, cultura, etc.

O processo de aprendizagem, utilizando os dicionários baseados em temáticas da T&P Books dá-lhe as seguintes vantagens:

*   Informação de origem corretamente agrupada predetermina o sucesso em fases subsequentes da memorização de palavras
*   Disponibilização de palavras derivadas da mesma raiz, o que permite a memorização de unidades de texto (em vez de palavras separadas)
*   Pequenas unidades de palavras facilitam o processo de estabelecimento de vínculos associativos necessários para a consolidação do vocabulário
*   O nível de conhecimento da língua pode ser estimado pelo número de palavras aprendidas

T&P Books Publishing
www.tpbooks.com

ISBN: 978-1-78767-424-0

Este livro também está disponível em formato E-book.
Por favor visite www.tpbooks.com ou as principais livrarias on-line.

VOCABULÁRIO COREANO
palavras mais úteis

Os vocabulários da T&P Books destinam-se a ajudar a aprender, a memorizar, e a rever palavras estrangeiras. O vocabulário contém mais de 3000 palavras de uso comum organizadas tematicamente.

O vocabulário contém as palavras mais comummente usadas
Recomendado como adicional para qualquer curso de línguas
Satisfaz as necessidades dos iniciados e dos alunos avançados de línguas estrangeiras
Conveniente para o uso diário, sessões de revisão e atividades de auto-teste
Permite avaliar o seu vocabulário

Características especias do vocabulário

- As palavras estão organizadas de acordo com o seu significado, e não por ordem alfabética
- As palavras são apresentadas em três colunas para facilitar os processos de revisão e auto-teste
- As palavras compostas são divididas em pequenos blocos para facilitar o processo de aprendizagem
- O vocabulário oferece uma transcrição simples e adequada de cada palavra estrangeira

O vocabulário contém 101 tópicos incluindo:

Conceitos básicos, Números, Cores, Meses, Estações do ano, Unidades de medida, Roupas & Acessórios, Alimentos & Nutrição, Restaurante, Membros da Família, Parentes, Caráter, Sentimentos, Emoções, Doenças, Cidade, Passeios, Compras, Dinheiro, Casa, Lar, Escritório, Trabalho no Escritório, Importação & Exportação, Marketing, Pesquisa de Emprego, Esportes, Educação, Computador, Internet, Ferramentas, Natureza, Países, Nacionalidades e muito mais ...

TABELA DE CONTEÚDOS

Guia de pronunciação 8
Abreviaturas 10

CONCEITOS BÁSICOS 11

1. Pronomes 11
2. Cumprimentos. Saudações 11
3. Questões 12
4. Preposições 12
5. Palavras funcionais. Advérbios. Parte 1 13
6. Palavras funcionais. Advérbios. Parte 2 14

NÚMEROS. DIVERSOS 16

7. Números cardinais. Parte 1 16
8. Números cardinais. Parte 2 17
9. Números ordinais 17

CORES. UNIDADES DE MEDIDA 18

10. Cores 18
11. Unidades de medida 18
12. Recipientes 19

VERBOS PRINCIPAIS 21

13. Os verbos mais importantes. Parte 1 21
14. Os verbos mais importantes. Parte 2 22
15. Os verbos mais importantes. Parte 3 23
16. Os verbos mais importantes. Parte 4 23

TEMPO. CALENDÁRIO 25

17. Dias da semana 25
18. Horas. Dia e noite 25
19. Meses. Estações 26

VIAGENS. HOTEL   29

20. Viagens   29
21. Hotel   29
22. Turismo   30

TRANSPORTES   32

23. Aeroporto   32
24. Avião   33
25. Comboio   33
26. Barco   34

CIDADE   37

27. Transportes urbanos   37
28. Cidade. Vida na cidade   38
29. Instituições urbanas   39
30. Sinais   40
31. Compras   41

VESTUÁRIO & ACESSÓRIOS   43

32. Roupa exterior. Casacos   43
33. Vestuário de homem & mulher   43
34. Vestuário. Roupa interior   44
35. Adereços de cabeça   44
36. Calçado   44
37. Acessórios pessoais   45
38. Vestuário. Diversos   45
39. Cuidados pessoais. Cosméticos   46
40. Relógios de pulso. Relógios   47

EXPERIÊNCIA DO QUOTIDIANO   48

41. Dinheiro   48
42. Correios. Serviço postal   49
43. Banca   49
44. Telefone. Conversação telefônica   50
45. Telefone móvel   51
46. Estacionário   51
47. Línguas estrangeiras   52

REFEIÇÕES. RESTAURANTE   54

48. Por a mesa   54
49. Restaurante   54
50. Refeições   54
51. Pratos cozinhados   55
52. Comida   56

53.	Bebidas	58
54.	Vegetais	59
55.	Frutos. Nozes	60
56.	Pão. Bolaria	60
57.	Especiarias	61

INFORMAÇÃO PESSOAL. FAMÍLIA 62

58.	Informação pessoal. Formulários	62
59.	Membros da família. Parentes	62
60.	Amigos. Colegas de trabalho	63

CORPO HUMANO. MEDICINA 65

61.	Cabeça	65
62.	Corpo humano	66
63.	Doenças	66
64.	Sintomas. Tratamentos. Parte 1	68
65.	Sintomas. Tratamentos. Parte 2	69
66.	Sintomas. Tratamentos. Parte 3	70
67.	Medicina. Drogas. Acessórios	70

APARTAMENTO 72

68.	Apartamento	72
69.	Mobiliário. Interior	72
70.	Quarto de dormir	73
71.	Cozinha	73
72.	Casa de banho	74
73.	Eletrodomésticos	75

A TERRA. TEMPO 76

74.	Espaço sideral	76
75.	A Terra	77
76.	Pontos cardeais	77
77.	Mar. Oceano	78
78.	Nomes de Mares e Oceanos	79
79.	Montanhas	80
80.	Nomes de montanhas	80
81.	Rios	81
82.	Nomes de rios	82
83.	Floresta	82
84.	Recursos naturais	83
85.	Tempo	84
86.	Tempo extremo. Catástrofes naturais	85

FAUNA 86

87.	Mamíferos. Predadores	86
88.	Animais selvagens	86

89. Animais domésticos   87
90. Pássaros   88
91. Peixes. Animais marinhos   89
92. Anfíbios. Répteis   90
93. Insetos   91

FLORA   92

94. Árvores   92
95. Arbustos   92
96. Frutos. Bagas   93
97. Flores. Plantas   93
98. Cereais, grãos   95

PAÍSES DO MUNDO   96

99. Países. Parte 1   96
100. Países. Parte 2   97
101. Países. Parte 3   98

GUIA DE PRONUNCIAÇÃO

Letra	Exemplo Coreano	Alfabeto fonético T&P	Exemplo Português

Consoantes

Letra	Exemplo Coreano	Alfabeto fonético T&P	Exemplo Português
ㄱ [1]	개	[k]	aquilo
ㄱ [2]	아기	[g]	gosto
ㄲ	껌	[k]	[k] tensionada
ㄴ	눈	[n]	natureza
ㄷ [3]	달	[t]	tulipa
ㄷ [4]	사다리	[d]	dentista
ㄸ	딸	[t]	[t] tensionada
ㄹ [5]	라디오	[r]	riscar
ㄹ [6]	십팔	[l]	libra
ㅁ	문	[m]	magnólia
ㅂ [7]	봄	[p]	presente
ㅂ [8]	아버지	[b]	barril
ㅃ	빵	[p]	[p] tensionada
ㅅ [9]	실	[s]	sanita
ㅅ [10]	옷	[t]	tulipa
ㅆ	쌀	[ja:]	Himalaias
ㅇ [11]	강	[ŋg]	flamingo
ㅈ [12]	집	[ʨ]	tchetcheno
ㅈ [13]	아주	[ʥ]	tajique
ㅉ	짬	[ʨ]	[tch] tensionado
ㅊ	차	[ʨʰ]	[tsch] aspirado
ㅌ	택시	[tʰ]	[t] aspirada
ㅋ	칼	[kʰ]	[k] aspirada
ㅍ	포도	[pʰ]	[p] aspirada
ㅎ	한국	[h]	[h] aspirada

Vogais e combinações com vogais

Letra	Exemplo Coreano	Alfabeto fonético T&P	Exemplo Português
ㅏ	사	[a]	chamar
ㅑ	향	[ja]	Himalaias
ㅓ	머리	[ʌ]	fax

Letra	Exemplo Coreano	Alfabeto fonético T&P	Exemplo Português
ㅕ	병	[jɑ]	Himalaias
ㅗ	몸	[o]	lobo
ㅛ	표	[jɔ]	ioga
ㅜ	풀	[u]	bonita
ㅠ	슈퍼	[ju]	nacional
ㅡ	음악	[ɪ]	sinônimo
ㅣ	길	[i], [i:]	sinônimo
ㅒ	뱀	[ɛ], [ɛ:]	mover
ㅒ	애기	[je]	folheto
ㅔ	펜	[e]	metal
ㅖ	계산	[je]	folheto
ㅘ	왕	[wa]	Taiwan
ㅙ	왜	[ʊə]	adoecer
ㅚ	회의	[ø], [we]	orgulhoso, web
ㅝ	권	[uɔ]	álcool
ㅞ	웬	[ʊə]	adoecer
ㅟ	쥐	[wi]	quiuí
ㅢ	거의	[ɯi]	combinação [ɪi]

Comentários

[1] no início de uma palavra
[2] entre sons vocalizados
[3] no início de uma palavra
[4] entre sons vocalizados
[5] no fim de uma sílaba
[6] no fim de uma sílaba
[7] no início de uma palavra
[8] entre sons vocalizados
[9] no fim de uma sílaba
[10] no fim de uma sílaba
[11] no fim de uma sílaba
[12] no início de uma palavra
[13] entre sons vocalizados

ABREVIATURAS
usadas no vocabulário

Abreviaturas do Português

adj	-	adjetivo
adv	-	advérbio
anim.	-	animado
conj.	-	conjunção
desp.	-	esporte
etc.	-	Etcetera
ex.	-	por exemplo
f	-	nome feminino
f pl	-	feminino plural
fem.	-	feminino
inanim.	-	inanimado
m	-	nome masculino
m pl	-	masculino plural
m, f	-	masculino, feminino
masc.	-	masculino
mat.	-	matemática
mil.	-	militar
pl	-	plural
prep.	-	preposição
pron.	-	pronome
sb.	-	sobre
sing.	-	singular
v aux	-	verbo auxiliar
vi	-	verbo intransitivo
vi, vt	-	verbo intransitivo, transitivo
vr	-	verbo reflexivo
vt	-	verbo transitivo

CONCEITOS BÁSICOS

1. Pronomes

eu	나, 저	na
você	너	neo
ele	그, 그분	geu, geu-bun
ela	그녀	geu-nyeo
ele, ela (neutro)	그것	geu-geot
nós	우리	u-ri
vocês	너희	neo-hui
o senhor, -a	당신	dang-sin
eles, elas	그들	geu-deul

2. Cumprimentos. Saudações

Oi!	안녕!	an-nyeong!
Olá!	안녕하세요!	an-nyeong-ha-se-yo!
Bom dia!	안녕하세요!	an-nyeong-ha-se-yo!
Boa tarde!	안녕하세요!	an-nyeong-ha-se-yo!
Boa noite!	안녕하세요!	an-nyeong-ha-se-yo!
cumprimentar (vt)	인사하다	in-sa-ha-da
Oi!	안녕!	an-nyeong!
saudação (f)	인사	in-sa
saudar (vt)	인사하다	in-sa-ha-da
Tudo bem?	잘 지내세요?	jal ji-nae-se-yo?
E aí, novidades?	어떻게 지내?	eo-tteo-ke ji-nae?
Tchau! Até logo!	안녕히 가세요!	an-nyeong-hi ga-se-yo!
Até breve!	또 만나요!	tto man-na-yo!
Adeus! (sing.)	잘 있어!	jal ri-seo!
Adeus! (pl)	안녕히 계세요!	an-nyeong-hi gye-se-yo!
despedir-se (dizer adeus)	작별인사를 하다	jak-byeo-rin-sa-reul ha-da
Até mais!	안녕!	an-nyeong!
Obrigado! -a!	감사합니다!	gam-sa-ham-ni-da!
Muito obrigado! -a!	대단히 감사합니다!	dae-dan-hi gam-sa-ham-ni-da!
De nada	천만이에요	cheon-man-i-e-yo
Não tem de quê	천만의 말씀입니다	cheon-man-ui mal-sseum-im-ni-da
Não foi nada!	천만에	cheon-man-e
Desculpa!	실례!	sil-lye!
Desculpe!	실례합니다!	sil-lye-ham-ni-da!

desculpar (vt)	용서하다	yong-seo-ha-da
desculpar-se (vr)	사과하다	sa-gwa-ha-da
Me desculpe	사과드립니다	sa-gwa-deu-rim-ni-da
Desculpe!	죄송합니다!	joe-song-ham-ni-da!
perdoar (vt)	용서하다	yong-seo-ha-da
por favor	부탁합니다	bu-tak-am-ni-da
Não se esqueça!	잊지 마십시오!	it-ji ma-sip-si-o!
Com certeza!	물론이에요!	mul-lon-i-e-yo!
Claro que não!	물론 아니에요!	mul-lon a-ni-e-yo!
Está bem! De acordo!	그래요!	geu-rae-yo!
Chega!	그만!	geu-man!

3. Questões

Quem?	누구?	nu-gu?
O que?	무엇?	mu-eot?
Onde?	어디?	eo-di?
Para onde?	어디로?	eo-di-ro?
De onde?	어디로부터?	eo-di-ro-bu-teo?
Quando?	언제?	eon-je?
Para quê?	왜?	wae?
Por quê?	왜?	wae?
Para quê?	무엇을 위해서?	mu-eos-eul rwi-hae-seo?
Como?	어떻게?	eo-tteo-ke?
Qual (~ é o problema?)	어떤?	eo-tteon?
Qual (~ deles?)	어느?	eo-neu?
A quem?	누구에게?	nu-gu-e-ge?
De quem?	누구에 대하여?	nu-gu-e dae-ha-yeo?
Do quê?	무엇에 대하여?	mu-eos-e dae-ha-yeo?
Com quem?	누구하고?	nu-gu-ha-go?
Quanto, -os, -as?	얼마?	eol-ma?
De quem? (masc.)	누구의?	nu-gu-ui?

4. Preposições

com (prep.)	··· 하고	... ha-go
sem (prep.)	없이	eop-si
a, para (exprime lugar)	··· 에	... e
sobre (ex. falar ~)	··· 에 대하여	... e dae-ha-yeo
antes de ...	전에	jeon-e
em frente de ...	··· 앞에	... a-pe
debaixo de ...	밑에	mi-te
sobre (em cima de)	위에	wi-e
em ..., sobre ...	위에	wi-e
de, do (sou ~ Rio de Janeiro)	··· 에서	... e-seo
de (feito ~ pedra)	··· 로	... ro
em (~ 3 dias)	··· 안에	... a-ne
por cima de ...	너머	dwi-e

5. Palavras funcionais. Advérbios. Parte 1

Onde?	어디?	eo-di?
aqui	여기	yeo-gi
lá, ali	거기	geo-gi
em algum lugar	어딘가	eo-din-ga
em lugar nenhum	어디도	eo-di-do
perto de …	옆에	yeo-pe
perto da janela	창문 옆에	chang-mun nyeo-pe
Para onde?	어디로?	eo-di-ro?
aqui	여기로	yeo-gi-ro
para lá	거기로	geo-gi-ro
daqui	여기서	yeo-gi-seo
de lá, dali	거기서	geo-gi-seo
perto	가까이	ga-kka-i
longe	멀리	meol-li
perto de …	근처에	geun-cheo-e
à mão, perto	인근에	in-geu-ne
não fica longe	멀지 않게	meol-ji an-ke
esquerdo (adj)	왼쪽의	oen-jjo-gui
à esquerda	왼쪽에	oen-jjo-ge
para a esquerda	왼쪽으로	oen-jjo-geu-ro
direito (adj)	오른쪽의	o-reun-jjo-gui
à direita	오른쪽에	o-reun-jjo-ge
para a direita	오른쪽으로	o-reun-jjo-geu-ro
em frente	앞쪽에	ap-jjo-ge
da frente	앞의	a-pui
adiante (para a frente)	앞으로	a-peu-ro
atrás de …	뒤에	dwi-e
de trás	뒤에서	dwi-e-seo
para trás	뒤로	dwi-ro
meio (m), metade (f)	가운데	ga-un-de
no meio	가운데에	ga-un-de-e
do lado	옆에	yeo-pe
em todo lugar	모든 곳에	mo-deun gos-e
por todos os lados	주위에	ju-wi-e
de dentro	내면에서	nae-myeon-e-seo
para algum lugar	어딘가에	eo-din-ga-e
diretamente	똑바로	ttok-ba-ro
de volta	뒤로	dwi-ro
de algum lugar	어디에서든지	eo-di-e-seo-deun-ji
de algum lugar	어디로부터인지	eo-di-ro-bu-teo-in-ji

em primeiro lugar	첫째로	cheot-jjae-ro
em segundo lugar	둘째로	dul-jjae-ro
em terceiro lugar	셋째로	set-jjae-ro

de repente	갑자기	gap-ja-gi
no início	처음에	cheo-eum-e
pela primeira vez	처음으로	cheo-eu-meu-ro
muito antes de ...	... 오래 전에	... o-rae jeon-e
de novo	다시	da-si
para sempre	영원히	yeong-won-hi

nunca	절대로	jeol-dae-ro
de novo	다시	da-si
agora	이제	i-je
frequentemente	자주	ja-ju
então	그때	geu-ttae
urgentemente	급히	geu-pi
normalmente	보통으로	bo-tong-eu-ro

a propósito, ...	그건 그렇고, ...	geu-geon geu-reo-ko, ...
é possível	가능한	ga-neung-han
provavelmente	아마	a-ma
talvez	어쩌면	eo-jjeo-myeon
além disso, ...	게다가 ...	ge-da-ga ...
por isso ...	그래서 ...	geu-rae-seo ...
apesar de ...	... 에도 불구하고	... e-do bul-gu-ha-go
graças a ...	... 덕분에	... deok-bun-e

algo	무엇인가	mu-eon-nin-ga
alguma coisa	무엇이든지	mu-eon-ni-deun-ji
nada	아무것도	a-mu-geot-do

| alguém (~ que ...) | 누구 | nu-gu |
| alguém (com ~) | 누군가 | nu-gun-ga |

ninguém	아무도	a-mu-do
para lugar nenhum	아무데도	a-mu-de-do
de ninguém	누구의 것도 아닌	nu-gu-ui geot-do a-nin
de alguém	누군가의	nu-gun-ga-ui

tão	그래서	geu-rae-seo
também (gostaria ~ de ...)	역시	yeok-si
também (~ eu)	또한	tto-han

6. Palavras funcionais. Advérbios. Parte 2

Por quê?	왜?	wae?
por alguma razão	어떤 이유로	eo-tteon ni-yu-ro
porque ...	왜냐하면 ...	wae-nya-ha-myeon ...
por qualquer razão	어떤 목적으로	eo-tteon mok-jeo-geu-ro

e (tu ~ eu)	그리고	geu-ri-go
ou (ser ~ não ser)	또는	tto-neun
mas (porém)	그러나	geu-reo-na

para (~ a minha mãe)	위해서	wi-hae-seo
muito, demais	너무	neo-mu
só, somente	… 만	… man
exatamente	정확하게	jeong-hwak-a-ge
cerca de (~ 10 kg)	약	yak

aproximadamente	대략	dae-ryak
aproximado (adj)	대략적인	dae-ryak-jeo-gin
quase	거의	geo-ui
resto (m)	나머지	na-meo-ji

cada (adj)	각각의	gak-ga-gui
qualquer (adj)	아무	a-mu
muito, muitos, muitas	많이	ma-ni
muitas pessoas	많은 사람들	ma-neun sa-ram-deul
todos	모두	mo-du

em troca de …	… 의 교환으로	… ui gyo-hwa-neu-ro
em troca	교환으로	gyo-hwa-neu-ro
à mão	수공으로	su-gong-eu-ro
pouco provável	거의	geo-ui

provavelmente	아마	a-ma
de propósito	일부러	il-bu-reo
por acidente	우연히	u-yeon-hi

muito	아주	a-ju
por exemplo	예를 들면	ye-reul deul-myeon
entre	사이에	sa-i-e
entre (no meio de)	중에	jung-e
tanto	이만큼	i-man-keum
especialmente	특히	teuk-i

NÚMEROS. DIVERSOS

7. Números cardinais. Parte 1

zero	영	yeong
um	일	il
dois	이	i
três	삼	sam
quatro	사	sa
cinco	오	o
seis	육	yuk
sete	칠	chil
oito	팔	pal
nove	구	gu
dez	십	sip
onze	십일	si-bil
doze	십이	si-bi
treze	십삼	sip-sam
catorze	십사	sip-sa
quinze	십오	si-bo
dezesseis	십육	si-byuk
dezessete	십칠	sip-chil
dezoito	십팔	sip-pal
dezenove	십구	sip-gu
vinte	이십	i-sip
vinte e um	이십일	i-si-bil
vinte e dois	이십이	i-si-bi
vinte e três	이십삼	i-sip-sam
trinta	삼십	sam-sip
trinta e um	삼십일	sam-si-bil
trinta e dois	삼십이	sam-si-bi
trinta e três	삼십삼	sam-sip-sam
quarenta	사십	sa-sip
quarenta e um	사십일	sa-si-bil
quarenta e dois	사십이	sa-si-bi
quarenta e três	사십삼	sa-sip-sam
cinquenta	오십	o-sip
cinquenta e um	오십일	o-si-bil
cinquenta e dois	오십이	o-si-bi
cinquenta e três	오십삼	o-sip-sam
sessenta	육십	yuk-sip
sessenta e um	육십일	yuk-si-bil

sessenta e dois	육십이	yuk-si-bi
sessenta e três	육십삼	yuk-sip-sam
setenta	칠십	chil-sip
setenta e um	칠십일	chil-si-bil
setenta e dois	칠십이	chil-si-bi
setenta e três	칠십삼	chil-sip-sam
oitenta	팔십	pal-sip
oitenta e um	팔십일	pal-si-bil
oitenta e dois	팔십이	pal-si-bi
oitenta e três	팔십삼	pal-sip-sam
noventa	구십	gu-sip
noventa e um	구십일	gu-si-bil
noventa e dois	구십이	gu-si-bi
noventa e três	구십삼	gu-sip-sam

8. Números cardinais. Parte 2

cem	백	baek
duzentos	이백	i-baek
trezentos	삼백	sam-baek
quatrocentos	사백	sa-baek
quinhentos	오백	o-baek
seiscentos	육백	yuk-baek
setecentos	칠백	chil-baek
oitocentos	팔백	pal-baek
novecentos	구백	gu-baek
mil	천	cheon
dois mil	이천	i-cheon
três mil	삼천	sam-cheon
dez mil	만	man
cem mil	십만	sim-man
um milhão	백만	baeng-man
um bilhão	십억	si-beok

9. Números ordinais

primeiro (adj)	첫 번째의	cheot beon-jjae-ui
segundo (adj)	두 번째의	du beon-jjae-ui
terceiro (adj)	세 번째의	se beon-jjae-ui
quarto (adj)	네 번째의	ne beon-jjae-ui
quinto (adj)	다섯 번째의	da-seot beon-jjae-ui
sexto (adj)	여섯 번째의	yeo-seot beon-jjae-ui
sétimo (adj)	일곱 번째의	il-gop beon-jjae-ui
oitavo (adj)	여덟 번째의	yeo-deol beon-jjae-ui
nono (adj)	아홉 번째의	a-hop beon-jjae-ui
décimo (adj)	열 번째의	yeol beon-jjae-ui

CORES. UNIDADES DE MEDIDA

10. Cores

cor (f)	색	sae
tom (m)	색조	saek-jo
tonalidade (m)	색상	saek-sang
arco-íris (m)	무지개	mu-ji-gae
branco (adj)	흰	huin
preto (adj)	검은	geo-meun
cinza (adj)	회색의	hoe-sae-gui
verde (adj)	초록색의	cho-rok-sae-gui
amarelo (adj)	노란	no-ran
vermelho (adj)	빨간	ppal-gan
azul (adj)	파란	pa-ran
azul claro (adj)	하늘색의	ha-neul-sae-gui
rosa (adj)	분홍색의	bun-hong-sae-gui
laranja (adj)	주황색의	ju-hwang-sae-gui
violeta (adj)	보라색의	bo-ra-sae-gui
marrom (adj)	갈색의	gal-sae-gui
dourado (adj)	금색의	geum-sae-gui
prateado (adj)	은색의	eun-sae-gui
bege (adj)	베이지색의	be-i-ji-sae-gui
creme (adj)	크림색의	keu-rim-sae-gui
turquesa (adj)	청록색의	cheong-nok-sae-gui
vermelho cereja (adj)	암적색의	am-jeok-sae-gui
lilás (adj)	연보라색의	yeon-bo-ra-sae-gui
carmim (adj)	진홍색의	jin-hong-sae-gui
claro (adj)	밝은	bal-geun
escuro (adj)	짙은	ji-teun
vivo (adj)	선명한	seon-myeong-han
de cor	색의	sae-gui
a cores	컬러의	keol-leo-ui
preto e branco (adj)	흑백의	heuk-bae-gui
unicolor (de uma só cor)	단색의	dan-sae-gui
multicolor (adj)	다색의	da-sae-gui

11. Unidades de medida

peso (m)	무게	mu-ge
comprimento (m)	길이	gi-ri

largura (f)	폭, 너비	pok, neo-bi
altura (f)	높이	no-pi
profundidade (f)	깊이	gi-pi
volume (m)	부피	bu-pi
área (f)	면적	myeon-jeok

grama (m)	그램	geu-raem
miligrama (m)	밀리그램	mil-li-geu-raem
quilograma (m)	킬로그램	kil-lo-geu-raem
tonelada (f)	톤	ton
libra (453,6 gramas)	파운드	pa-un-deu
onça (f)	온스	on-seu

metro (m)	미터	mi-teo
milímetro (m)	밀리미터	mil-li-mi-teo
centímetro (m)	센티미터	sen-ti-mi-teo
quilômetro (m)	킬로미터	kil-lo-mi-teo
milha (f)	마일	ma-il

polegada (f)	인치	in-chi
pé (304,74 mm)	피트	pi-teu
jarda (914,383 mm)	야드	ya-deu

metro (m) quadrado	제곱미터	je-gom-mi-teo
hectare (m)	헥타르	hek-ta-reu

litro (m)	리터	ri-teo
grau (m)	도	do
volt (m)	볼트	bol-teu
ampère (m)	암페어	am-pe-eo
cavalo (m) de potência	마력	ma-ryeok

quantidade (f)	수량, 양	su-ryang, yang
um pouco de ...	... 조금	... jo-geum
metade (f)	절반	jeol-ban
dúzia (f)	다스	da-seu
peça (f)	조각	jo-gak

tamanho (m), dimensão (f)	크기	keu-gi
escala (f)	축척	chuk-cheok

mínimo (adj)	최소의	choe-so-ui
menor, mais pequeno	가장 작은	ga-jang ja-geun
médio (adj)	중간의	jung-gan-ui
máximo (adj)	최대의	choe-dae-ui
maior, mais grande	가장 큰	ga-jang keun

12. Recipientes

pote (m) de vidro	유리병	yu-ri-byeong
lata (~ de cerveja)	캔, 깡통	kaen, kkang-tong
balde (m)	양동이	yang-dong-i
barril (m)	통	tong
bacia (~ de plástico)	대야	dae-ya

tanque (m)	탱크	taeng-keu
cantil (m) de bolso	휴대용 술병	hyu-dae-yong sul-byeong
galão (m) de gasolina	통	tong
cisterna (f)	탱크	taeng-keu

caneca (f)	머그컵	meo-geu-keop
xícara (f)	컵	keop
pires (m)	받침 접시	bat-chim jeop-si
copo (m)	유리잔	yu-ri-jan
taça (f) de vinho	와인글라스	wa-in-geul-la-seu
panela (f)	냄비	naem-bi

garrafa (f)	병	byeong
gargalo (m)	병목	byeong-mok

jarra (f)	디캔터	di-kaen-teo
jarro (m)	물병	mul-byeong
recipiente (m)	용기	yong-gi
pote (m)	항아리	hang-a-ri
vaso (m)	화병	hwa-byeong

frasco (~ de perfume)	향수병	hyang-su-byeong
frasquinho (m)	약병	yak-byeong
tubo (m)	튜브	tyu-beu

saco (ex. ~ de açúcar)	자루	ja-ru
sacola (~ plastica)	봉투	bong-tu
maço (de cigarros, etc.)	갑	gap

caixa (~ de sapatos, etc.)	박스	bak-seu
caixote (~ de madeira)	상자	sang-ja
cesto (m)	바구니	ba-gu-ni

VERBOS PRINCIPAIS

13. Os verbos mais importantes. Parte 1

abrir (vt)	열다	yeol-da
acabar, terminar (vt)	끝내다	kkeun-nae-da
aconselhar (vt)	조언하다	jo-eon-ha-da
adivinhar (vt)	추측하다	chu-cheuk-a-da
advertir (vt)	경고하다	gyeong-go-ha-da
ajudar (vt)	도와주다	do-wa-ju-da
almoçar (vi)	점심을 먹다	jeom-si-meul meok-da
alugar (~ um apartamento)	임대하다	im-dae-ha-da
amar (pessoa)	사랑하다	sa-rang-ha-da
ameaçar (vt)	협박하다	hyeop-bak-a-da
anotar (escrever)	적다	jeok-da
apressar-se (vr)	서두르다	seo-du-reu-da
arrepender-se (vr)	후회하다	hu-hoe-ha-da
assinar (vt)	서명하다	seo-myeong-ha-da
brincar (vi)	농담하다	nong-dam-ha-da
brincar, jogar (vi, vt)	놀다	nol-da
buscar (vt)	… 를 찾다	… reul chat-da
caçar (vi)	사냥하다	sa-nyang-ha-da
cair (vi)	떨어지다	tteo-reo-ji-da
cavar (vt)	파다	pa-da
chamar (~ por socorro)	부르다, 요청하다	bu-reu-da, yo-cheong-ha-da
chegar (vi)	도착하다	do-chak-a-da
chorar (vi)	울다	ul-da
começar (vt)	시작하다	si-jak-a-da
comparar (vt)	비교하다	bi-gyo-ha-da
concordar (dizer "sim")	동의하다	dong-ui-ha-da
confiar (vt)	신뢰하다	sil-loe-ha-da
confundir (equivocar-se)	혼동하다	hon-dong-ha-da
conhecer (vt)	알다	al-da
contar (fazer contas)	세다	se-da
contar com …	… 에 의지하다	… e ui-ji-ha-da
continuar (vt)	계속하다	gye-sok-a-da
controlar (vt)	제어하다	je-eo-ha-da
convidar (vt)	초대하다	cho-dae-ha-da
correr (vi)	달리다	dal-li-da
criar (vt)	창조하다	chang-jo-ha-da
custar (vt)	값이 … 이다	gap-si … i-da

14. Os verbos mais importantes. Parte 2

dar (vt)	주다	ju-da
dar uma dica	힌트를 주다	hin-teu-reul ju-da
decorar (enfeitar)	장식하다	jang-sik-a-da
defender (vt)	방어하다	bang-eo-ha-da
deixar cair (vt)	떨어뜨리다	tteo-reo-tteu-ri-da
descer (para baixo)	내려오다	nae-ryeo-o-da
desculpar-se (vr)	사과하다	sa-gwa-ha-da
dirigir (~ uma empresa)	운영하다	u-nyeong-ha-da
discutir (notícias, etc.)	의논하다	ui-non-ha-da
disparar, atirar (vi)	쏘다	sso-da
dizer (vt)	말하다	mal-ha-da
duvidar (vt)	의심하다	ui-sim-ha-da
encontrar (achar)	찾다	chat-da
enganar (vt)	속이다	so-gi-da
entender (vt)	이해하다	i-hae-ha-da
entrar (na sala, etc.)	들어가다	deu-reo-ga-da
enviar (uma carta)	보내다	bo-nae-da
errar (enganar-se)	실수하다	sil-su-ha-da
escolher (vt)	선택하다	seon-taek-a-da
esconder (vt)	숨기다	sum-gi-da
escrever (vt)	쓰다	sseu-da
esperar (aguardar)	기다리다	gi-da-ri-da
esperar (ter esperança)	희망하다	hui-mang-ha-da
esquecer (vt)	잊다	it-da
estudar (vt)	공부하다	gong-bu-ha-da
exigir (vt)	요구하다	yo-gu-ha-da
existir (vi)	존재하다	jon-jae-ha-da
explicar (vt)	설명하다	seol-myeong-ha-da
falar (vi)	말하다	mal-ha-da
faltar (a la escuela, etc.)	결석하다	gyeol-seok-a-da
fazer (vt)	하다	ha-da
ficar em silêncio	침묵을 지키다	chim-mu-geul ji-ki-da
gabar-se (vr)	자랑하다	ja-rang-ha-da
gostar (apreciar)	좋아하다	jo-a-ha-da
gritar (vi)	소리치다	so-ri-chi-da
guardar (fotos, etc.)	보관하다	bo-gwan-ha-da
informar (vt)	알리다	al-li-da
insistir (vi)	주장하다	ju-jang-ha-da
insultar (vt)	모욕하다	mo-yok-a-da
interessar-se (vr)	… 에 관심을 가지다	… e gwan-si-meul ga-ji-da
ir (a pé)	가다	ga-da
ir nadar	수영하다	su-yeong-ha-da
jantar (vi)	저녁을 먹다	jeo-nyeo-geul meok-da

15. Os verbos mais importantes. Parte 3

ler (vt)	읽다	ik-da
libertar, liberar (vt)	해방하다	hae-bang-ha-da
matar (vt)	죽이다	ju-gi-da
mencionar (vt)	언급하다	eon-geu-pa-da
mostrar (vt)	보여주다	bo-yeo-ju-da
mudar (modificar)	바꾸다	ba-kku-da
nadar (vi)	수영하다	su-yeong-ha-da
negar-se a … (vr)	거절하다	geo-jeol-ha-da
objetar (vt)	반대하다	ban-dae-ha-da
observar (vt)	지켜보다	ji-kyeo-bo-da
ordenar (mil.)	명령하다	myeong-nyeong-ha-da
ouvir (vt)	듣다	deut-da
pagar (vt)	지불하다	ji-bul-ha-da
parar (vi)	정지하다	jeong-ji-ha-da
parar, cessar (vt)	그만두다	geu-man-du-da
participar (vi)	참가하다	cham-ga-ha-da
pedir (comida, etc.)	주문하다	ju-mun-ha-da
pedir (um favor, etc.)	부탁하다	bu-tak-a-da
pegar (tomar)	잡다	jap-da
pegar (uma bola)	잡다	jap-da
pensar (vi, vt)	생각하다	saeng-gak-a-da
perceber (ver)	알아차리다	a-ra-cha-ri-da
perdoar (vt)	용서하다	yong-seo-ha-da
perguntar (vt)	묻다	mut-da
permitir (vt)	허가하다	heo-ga-ha-da
pertencer a … (vi)	… 에 속하다	… e sok-a-da
planejar (vt)	계획하다	gye-hoek-a-da
poder (~ fazer algo)	할 수 있다	hal su it-da
possuir (uma casa, etc.)	소유하다	so-yu-ha-da
preferir (vt)	선호하다	seon-ho-ha-da
preparar (vt)	요리하다	yo-ri-ha-da
prever (vt)	예상하다	ye-sang-ha-da
prometer (vt)	약속하다	yak-sok-a-da
pronunciar (vt)	발음하다	ba-reum-ha-da
propor (vt)	제안하다	je-an-ha-da
punir (castigar)	처벌하다	cheo-beol-ha-da
quebrar (vt)	깨뜨리다	kkae-tteu-ri-da
queixar-se de …	불평하다	bul-pyeong-ha-da
querer (desejar)	원하다	won-ha-da

16. Os verbos mais importantes. Parte 4

ralhar, repreender (vt)	꾸짖다	kku-jit-da
recomendar (vt)	추천하다	chu-cheon-ha-da

repetir (dizer outra vez)	반복하다	ban-bok-a-da
reservar (~ um quarto)	예약하다	ye-yak-a-da
responder (vt)	대답하다	dae-da-pa-da

rezar, orar (vi)	기도하다	gi-do-ha-da
rir (vi)	웃다	ut-da
roubar (vt)	훔치다	hum-chi-da
saber (vt)	알다	al-da
sair (~ de casa)	나가다	na-ga-da

salvar (resgatar)	구조하다	gu-jo-ha-da
seguir (~ alguém)	… 를 따라가다	… reul tta-ra-ga-da
sentar-se (vr)	앉다	an-da
ser necessário	필요하다	pi-ryo-ha-da

significar (vt)	의미하다	ui-mi-ha-da
sorrir (vi)	미소를 짓다	mi-so-reul jit-da
subestimar (vt)	과소평가하다	gwa-so-pyeong-ga-ha-da
surpreender-se (vr)	놀라다	nol-la-da

tentar (~ fazer)	해보다	hae-bo-da
ter (vt)	가지다	ga-ji-da
ter fome	배가 고프다	bae-ga go-peu-da

ter medo	무서워하다	mu-seo-wo-ha-da
ter sede	목마르다	mong-ma-reu-da
tocar (com as mãos)	닿다	da-ta
tomar café da manhã	아침을 먹다	a-chi-meul meok-da
trabalhar (vi)	일하다	il-ha-da
traduzir (vt)	번역하다	beo-nyeok-a-da

unir (vt)	연합하다	yeon-ha-pa-da
vender (vt)	팔다	pal-da
ver (vt)	보다	bo-da
virar (~ para a direita)	돌다	dol-da
voar (vi)	날다	nal-da

TEMPO. CALENDÁRIO

17. Dias da semana

segunda-feira (f)	월요일	wo-ryo-il
terça-feira (f)	화요일	hwa-yo-il
quarta-feira (f)	수요일	su-yo-il
quinta-feira (f)	목요일	mo-gyo-il
sexta-feira (f)	금요일	geu-myo-il
sábado (m)	토요일	to-yo-il
domingo (m)	일요일	i-ryo-il
hoje	오늘	o-neul
amanhã	내일	nae-il
depois de amanhã	모레	mo-re
ontem	어제	eo-je
anteontem	그저께	geu-jeo-kke
dia (m)	낮	nat
dia (m) de trabalho	근무일	geun-mu-il
feriado (m)	공휴일	gong-hyu-il
dia (m) de folga	휴일	hyu-il
fim (m) de semana	주말	ju-mal
o dia todo	하루종일	ha-ru-jong-il
no dia seguinte	다음날	da-eum-nal
há dois dias	이틀 전	i-teul jeon
na véspera	전날	jeon-nal
diário (adj)	일간의	il-ga-nui
todos os dias	매일	mae-il
semana (f)	주	ju
na semana passada	지난 주에	ji-nan ju-e
semana que vem	다음 주에	da-eum ju-e
semanal (adj)	주간의	ju-ga-nui
toda semana	매주	mae-ju
duas vezes por semana	일주일에 두번	il-ju-i-re du-beon
toda terça-feira	매주 화요일	mae-ju hwa-yo-il

18. Horas. Dia e noite

manhã (f)	아침	a-chim
de manhã	아침에	a-chim-e
meio-dia (m)	정오	jeong-o
à tarde	오후에	o-hu-e
tardinha (f)	저녁	jeo-nyeok
à tardinha	저녁에	jeo-nyeo-ge

noite (f)	밤	bam
à noite	밤에	bam-e
meia-noite (f)	자정	ja-jeong

segundo (m)	초	cho
minuto (m)	분	bun
hora (f)	시	si
meia hora (f)	반시간	ban-si-gan
quarto (m) de hora	십오분	si-bo-bun
quinze minutos	십오분	si-bo-bun
vinte e quatro horas	이십사시간	i-sip-sa-si-gan

nascer (m) do sol	일출	il-chul
amanhecer (m)	새벽	sae-byeok
madrugada (f)	이른 아침	i-reun a-chim
pôr-do-sol (m)	저녁 노을	jeo-nyeok no-eul

de madrugada	이른 아침에	i-reun a-chim-e
esta manhã	오늘 아침에	o-neul ra-chim-e
amanhã de manhã	내일 아침에	nae-il ra-chim-e

esta tarde	오늘 오후에	o-neul ro-hu-e
à tarde	오후에	o-hu-e
amanhã à tarde	내일 오후에	nae-il ro-hu-e

| esta noite, hoje à noite | 오늘 저녁에 | o-neul jeo-nyeo-ge |
| amanhã à noite | 내일 밤에 | nae-il bam-e |

às três horas em ponto	3시 정각에	se-si jeong-ga-ge
por volta das quatro	4시쯤에	ne-si-jjeu-me
às doze	12시까지	yeoldu si-kka-ji

em vinte minutos	20분 안에	isib-bun na-ne
em uma hora	한 시간 안에	han si-gan na-ne
a tempo	제시간에	je-si-gan-e

... um quarto para	··· 십오 분	... si-bo bun
dentro de uma hora	한 시간 내에	han si-gan nae-e
a cada quinze minutos	15분 마다	sibo-bun ma-da
as vinte e quatro horas	하루종일	ha-ru-jong-il

19. Meses. Estações

janeiro (m)	일월	i-rwol
fevereiro (m)	이월	i-wol
março (m)	삼월	sam-wol
abril (m)	사월	sa-wol
maio (m)	오월	o-wol
junho (m)	유월	yu-wol

julho (m)	칠월	chi-rwol
agosto (m)	팔월	pa-rwol
setembro (m)	구월	gu-wol
outubro (m)	시월	si-wol

novembro (m)	십일월	si-bi-rwol
dezembro (m)	십이월	si-bi-wol
primavera (f)	봄	bom
na primavera	봄에	bom-e
primaveril (adj)	봄의	bom-ui
verão (m)	여름	yeo-reum
no verão	여름에	yeo-reum-e
de verão	여름의	yeo-reu-mui
outono (m)	가을	ga-eul
no outono	가을에	ga-eu-re
outonal (adj)	가을의	ga-eu-rui
inverno (m)	겨울	gyeo-ul
no inverno	겨울에	gyeo-u-re
de inverno	겨울의	gyeo-ul
mês (m)	월, 달	wol, dal
este mês	이번 달에	i-beon da-re
mês que vem	다음 달에	da-eum da-re
no mês passado	지난 달에	ji-nan da-re
um mês atrás	한달 전에	han-dal jeon-e
em um mês	한 달 안에	han dal ra-ne
em dois meses	두 달 안에	du dal ra-ne
todo o mês	한 달 내내	han dal lae-nae
um mês inteiro	한달간 내내	han-dal-gan nae-nae
mensal (adj)	월간의	wol-ga-nui
mensalmente	매월, 매달	mae-wol, mae-dal
todo mês	매달	mae-dal
duas vezes por mês	한 달에 두 번	han da-re du beon
ano (m)	년	nyeon
este ano	올해	ol-hae
ano que vem	내년	nae-nyeon
no ano passado	작년	jang-nyeon
há um ano	일년 전	il-lyeon jeon
em um ano	일 년 안에	il lyeon na-ne
dentro de dois anos	이 년 안에	i nyeon na-ne
todo o ano	한 해 전체	han hae jeon-che
um ano inteiro	일년 내내	il-lyeon nae-nae
cada ano	매년	mae-nyeon
anual (adj)	연간의	yeon-ga-nui
anualmente	매년	mae-nyeon
quatro vezes por ano	일년에 네 번	il-lyeon-e ne beon
data (~ de hoje)	날짜	nal-jja
data (ex. ~ de nascimento)	월일	wo-ril
calendário (m)	달력	dal-lyeok
meio ano	반년	ban-nyeon
seis meses	육개월	yuk-gae-wol

| estação (f) | 계절 | gye-jeol |
| século (m) | 세기 | se-gi |

VIAGENS. HOTEL

20. Viagens

turismo (m)	관광	gwan-gwang
turista (m)	관광객	gwan-gwang-gaek
viagem (f)	여행	yeo-haeng
aventura (f)	모험	mo-heom
percurso (curta viagem)	여행	yeo-haeng
férias (f pl)	휴가	hyu-ga
estar de férias	휴가 중이다	hyu-ga jung-i-da
descanso (m)	휴양	hyu-yang
trem (m)	기차	gi-cha
de trem (chegar ~)	기차로	gi-cha-ro
avião (m)	비행기	bi-haeng-gi
de avião	비행기로	bi-haeng-gi-ro
de carro	자동차로	ja-dong-cha-ro
de navio	배로	bae-ro
bagagem (f)	짐, 수하물	jim, su-ha-mul
mala (f)	여행 가방	yeo-haeng ga-bang
carrinho (m)	수하물 카트	su-ha-mul ka-teu
passaporte (m)	여권	yeo-gwon
visto (m)	비자	bi-ja
passagem (f)	표	pyo
passagem (f) aérea	비행기표	bi-haeng-gi-pyo
guia (m) de viagem	여행 안내서	yeo-haeng an-nae-seo
mapa (m)	지도	ji-do
área (f)	지역	ji-yeok
lugar (m)	곳	got
exotismo (m)	이국	i-guk
exótico (adj)	이국적인	i-guk-jeo-gin
surpreendente (adj)	놀라운	nol-la-un
grupo (m)	무리	mu-ri
excursão (f)	견학, 관광	gyeon-hak, gwan-gwang
guia (m)	가이드	ga-i-deu

21. Hotel

hotel (m), hospedaria (f)	호텔	ho-tel
motel (m)	모텔	mo-tel
três estrelas	3성급	sam-seong-geub

| cinco estrelas | 5성급 | o-seong-geub |
| ficar (vi, vt) | 머무르다 | meo-mu-reu-da |

quarto (m)	객실	gaek-sil
quarto (m) individual	일인실	i-rin-sil
quarto (m) duplo	더블룸	deo-beul-lum
reservar um quarto	방을 예약하다	bang-eul rye-yak-a-da

| meia pensão (f) | 하숙 | ha-suk |
| pensão (f) completa | 식사 제공 | sik-sa je-gong |

com banheira	욕조가 있는	yok-jo-ga in-neun
com chuveiro	샤워가 있는	sya-wo-ga in-neun
televisão (m) por satélite	위성 텔레비전	wi-seong tel-le-bi-jeon
ar (m) condicionado	에어컨	e-eo-keon
toalha (f)	수건	su-geon
chave (f)	열쇠	yeol-soe

administrador (m)	관리자	gwal-li-ja
camareira (f)	객실 청소부	gaek-sil cheong-so-bu
bagageiro (m)	포터	po-teo
porteiro (m)	도어맨	do-eo-maen

restaurante (m)	레스토랑	re-seu-to-rang
bar (m)	바	ba
café (m) da manhã	아침식사	a-chim-sik-sa
jantar (m)	저녁식사	jeo-nyeok-sik-sa
bufê (m)	뷔페	bwi-pe

| saguão (m) | 로비 | ro-bi |
| elevador (m) | 엘리베이터 | el-li-be-i-teo |

| NÃO PERTURBE | 방해하지 마세요 | bang-hae-ha-ji ma-se-yo |
| PROIBIDO FUMAR! | 금연 | geu-myeon |

22. Turismo

monumento (m)	기념비	gi-nyeom-bi
fortaleza (f)	요새	yo-sae
palácio (m)	궁전	gung-jeon
castelo (m)	성	seong
torre (f)	탑	tap
mausoléu (m)	영묘	yeong-myo

arquitetura (f)	건축	geon-chuk
medieval (adj)	중세의	jung-se-ui
antigo (adj)	고대의	go-dae-ui
nacional (adj)	국가의	guk-ga-ui
famoso, conhecido (adj)	유명한	yu-myeong-han

turista (m)	관광객	gwan-gwang-gaek
guia (pessoa)	가이드	ga-i-deu
excursão (f)	견학, 관광	gyeon-hak, gwan-gwang
mostrar (vt)	보여주다	bo-yeo-ju-da

contar (vt)	이야기하다	i-ya-gi-ha-da
encontrar (vt)	찾다	chat-da
perder-se (vr)	길을 잃다	gi-reul ril-ta
mapa (~ do metrô)	노선도	no-seon-do
mapa (~ da cidade)	지도	ji-do
lembrança (f), presente (m)	기념품	gi-nyeom-pum
loja (f) de presentes	기념품 가게	gi-nyeom-pum ga-ge
tirar fotos, fotografar	사진을 찍다	sa-ji-neul jjik-da
fotografar-se (vr)	사진을 찍다	sa-ji-neul jjik-da

TRANSPORTES

23. Aeroporto

aeroporto (m)	공항	gong-hang
avião (m)	비행기	bi-haeng-gi
companhia (f) aérea	항공사	hang-gong-sa
controlador (m) de tráfego aéreo	관제사	gwan-je-sa
partida (f)	출발	chul-bal
chegada (f)	도착	do-chak
chegar (vi)	도착하다	do-chak-a-da
hora (f) de partida	출발시간	chul-bal-si-gan
hora (f) de chegada	도착시간	do-chak-si-gan
estar atrasado	연기되다	yeon-gi-doe-da
atraso (m) de voo	항공기 지연	hang-gong-gi ji-yeon
painel (m) de informação	안내 전광판	an-nae jeon-gwang-pan
informação (f)	정보	jeong-bo
anunciar (vt)	알리다	al-li-da
voo (m)	비행편	bi-haeng-pyeon
alfândega (f)	세관	se-gwan
funcionário (m) da alfândega	세관원	se-gwan-won
declaração (f) alfandegária	세관신고서	se-gwan-sin-go-seo
preencher a declaração	세관 신고서를 작성하다	se-gwan sin-go-seo-reul jak-seong-ha-da
controle (m) de passaporte	여권 검사	yeo-gwon geom-sa
bagagem (f)	짐, 수하물	jim, su-ha-mul
bagagem (f) de mão	휴대 가능 수하물	hyu-dae ga-neung su-ha-mul
carrinho (m)	수하물 카트	su-ha-mul ka-teu
pouso (m)	착륙	chang-nyuk
pista (f) de pouso	활주로	hwal-ju-ro
aterrissar (vi)	착륙하다	chang-nyuk-a-da
escada (f) de avião	승강계단	seung-gang-gye-dan
check-in (m)	체크인	che-keu-in
balcão (m) do check-in	체크인 카운터	che-keu-in ka-un-teo
fazer o check-in	체크인하다	che-keu-in-ha-da
cartão (m) de embarque	탑승권	tap-seung-gwon
portão (m) de embarque	탑승구	tap-seung-gu
trânsito (m)	트랜싯, 환승	teu-raen-sit, hwan-seung
esperar (vi, vt)	기다리다	gi-da-ri-da

sala (f) de espera	공항 라운지	gong-hang na-un-ji
despedir-se (acompanhar)	배웅하다	bae-ung-ha-da
despedir-se (dizer adeus)	작별인사를 하다	jak-byeo-rin-sa-reul ha-da

24. Avião

avião (m)	비행기	bi-haeng-gi
passagem (f) aérea	비행기표	bi-haeng-gi-pyo
companhia (f) aérea	항공사	hang-gong-sa
aeroporto (m)	공항	gong-hang
supersônico (adj)	초음속의	cho-eum-so-gui

piloto (m)	비행사	bi-haeng-sa
aeromoça (f)	승무원	seung-mu-won
copiloto (m)	항법사	hang-beop-sa

asas (f pl)	날개	nal-gae
cauda (f)	꼬리	kko-ri
cabine (f)	조종석	jo-jong-seok
motor (m)	엔진	en-jin
trem (m) de pouso	착륙 장치	chang-nyuk jang-chi
turbina (f)	터빈	teo-bin

hélice (f)	추진기	chu-jin-gi
caixa-preta (f)	블랙박스	beul-laek-bak-seu
coluna (f) de controle	조종간	jo-jong-gan
combustível (m)	연료	yeol-lyo
instruções (f pl) de segurança	안전 안내서	an-jeon an-nae-seo
máscara (f) de oxigênio	산소 마스크	san-so ma-seu-keu
uniforme (m)	제복	je-bok
colete (m) salva-vidas	구명조끼	gu-myeong-jo-kki
paraquedas (m)	낙하산	nak-a-san

decolagem (f)	이륙	i-ryuk
descolar (vi)	이륙하다	i-ryuk-a-da
pista (f) de decolagem	활주로	hwal-ju-ro

visibilidade (f)	시계	si-gye
voo (m)	비행	bi-haeng
altura (f)	고도	go-do
poço (m) de ar	에어 포켓	e-eo po-ket

assento (m)	자리	ja-ri
fone (m) de ouvido	헤드폰	he-deu-pon
mesa (f) retrátil	접는 테이블	jeom-neun te-i-beul
janela (f)	창문	chang-mun
corredor (m)	통로	tong-no

25. Comboio

| trem (m) | 기차, 열차 | gi-cha, nyeol-cha |
| trem (m) elétrico | 통근 열차 | tong-geun nyeol-cha |

trem (m)	급행 열차	geu-paeng yeol-cha
locomotiva (f) diesel	디젤 기관차	di-jel gi-gwan-cha
locomotiva (f) a vapor	증기 기관차	jeung-gi gi-gwan-cha
vagão (f) de passageiros	객차	gaek-cha
vagão-restaurante (m)	식당차	sik-dang-cha
carris (m pl)	레일	re-il
estrada (f) de ferro	철도	cheol-do
travessa (f)	침목	chim-mok
plataforma (f)	플랫폼	peul-laet-pom
linha (f)	길	gil
semáforo (m)	신호기	sin-ho-gi
estação (f)	역	yeok
maquinista (m)	기관사	gi-gwan-sa
bagageiro (m)	포터	po-teo
hospedeiro, -a (m, f)	차장	cha-jang
passageiro (m)	승객	seung-gaek
revisor (m)	검표원	geom-pyo-won
corredor (m)	통로	tong-no
freio (m) de emergência	비상 브레이크	bi-sang beu-re-i-keu
compartimento (m)	침대차	chim-dae-cha
cama (f)	침대	chim-dae
cama (f) de cima	윗침대	wit-chim-dae
cama (f) de baixo	아래 침대	a-rae chim-dae
roupa (f) de cama	침구	chim-gu
passagem (f)	표	pyo
horário (m)	시간표	si-gan-pyo
painel (m) de informação	안내 전광판	an-nae jeon-gwang-pan
partir (vt)	떠난다	tteo-na-da
partida (f)	출발	chul-bal
chegar (vi)	도착하다	do-chak-a-da
chegada (f)	도착	do-chak
chegar de trem	기차로 도착하다	gi-cha-ro do-chak-a-da
pegar o trem	기차에 타다	gi-cha-e ta-da
descer de trem	기차에서 내리다	gi-cha-e-seo nae-ri-da
acidente (m) ferroviário	기차 사고	gi-cha sa-go
locomotiva (f) a vapor	증기 기관차	jeung-gi gi-gwan-cha
foguista (m)	화부	hwa-bu
fornalha (f)	화실	hwa-sil
carvão (m)	석탄	seok-tan

26. Barco

navio (m)	배	bae
embarcação (f)	배	bae

barco (m) a vapor	증기선	jeung-gi-seon
barco (m) fluvial	강배	gang-bae
transatlântico (m)	크루즈선	keu-ru-jeu-seon
cruzeiro (m)	순양함	su-nyang-ham
iate (m)	요트	yo-teu
rebocador (m)	예인선	ye-in-seon
veleiro (m)	범선	beom-seon
bergantim (m)	쌍돛대 범선	ssang-dot-dae beom-seon
quebra-gelo (m)	쇄빙선	swae-bing-seon
submarino (m)	잠수함	jam-su-ham
bote, barco (m)	보트	bo-teu
baleeira (bote salva-vidas)	종선	jong-seon
bote (m) salva-vidas	구조선	gu-jo-seon
lancha (f)	모터보트	mo-teo-bo-teu
capitão (m)	선장	seon-jang
marinheiro (m)	수부	su-bu
marujo (m)	선원	seon-won
tripulação (f)	승무원	seung-mu-won
contramestre (m)	갑판장	gap-pan-jang
cozinheiro (m) de bordo	요리사	yo-ri-sa
médico (m) de bordo	선의	seon-ui
convés (m)	갑판	gap-pan
mastro (m)	돛대	dot-dae
vela (f)	돛	dot
porão (m)	화물칸	hwa-mul-kan
proa (f)	이물	i-mul
popa (f)	고물	go-mul
remo (m)	노	no
hélice (f)	스크루	seu-keu-ru
cabine (m)	선실	seon-sil
sala (f) dos oficiais	사관실	sa-gwan-sil
sala (f) das máquinas	엔진실	en-jin-sil
sala (f) de comunicações	무전실	mu-jeon-sil
onda (f)	전파	jeon-pa
luneta (f)	망원경	mang-won-gyeong
sino (m)	종	jong
bandeira (f)	기	gi
cabo (m)	밧줄	bat-jul
nó (m)	매듭	mae-deup
corrimão (m)	난간	nan-gan
prancha (f) de embarque	사다리	sa-da-ri
âncora (f)	닻	dat
recolher a âncora	닻을 올리다	da-cheul rol-li-da

jogar a âncora	닻을 내리다	da-cheul lae-ri-da
amarra (corrente de âncora)	닻줄	dat-jul
porto (m)	항구	hang-gu
cais, amarradouro (m)	부두	bu-du
atracar (vi)	정박시키다	jeong-bak-si-ki-da
desatracar (vi)	출항하다	chul-hang-ha-da
viagem (f)	여행	yeo-haeng
cruzeiro (m)	크루즈	keu-ru-jeu
rumo (m)	항로	hang-no
itinerário (m)	노선	no-seon
canal (m) de navegação	항로	hang-no
banco (m) de areia	얕은 곳	ya-teun got
encalhar (vt)	좌초하다	jwa-cho-ha-da
tempestade (f)	폭풍우	pok-pung-u
sinal (m)	신호	sin-ho
afundar-se (vr)	가라앉다	ga-ra-an-da
SOS	조난 신호	jo-nan sin-ho
boia (f) salva-vidas	구명부환	gu-myeong-bu-hwan

CIDADE

27. Transportes urbanos

ônibus (m)	버스	beo-seu
bonde (m) elétrico	전차	jeon-cha
trólebus (m)	트롤리 버스	teu-rol-li beo-seu
rota (f), itinerário (m)	노선	no-seon
número (m)	번호	beon-ho
ir de ... (carro, etc.)	··· 타고 가다	... ta-go ga-da
entrar no ...	타다	ta-da
descer do ...	··· 에서 내리다	... e-seo nae-ri-da
parada (f)	정류장	jeong-nyu-jang
próxima parada (f)	다음 정류장	da-eum jeong-nyu-jang
terminal (m)	종점	jong-jeom
horário (m)	시간표	si-gan-pyo
esperar (vt)	기다리다	gi-da-ri-da
passagem (f)	표	pyo
tarifa (f)	요금	yo-geum
bilheteiro (m)	계산원	gye-san-won
controle (m) de passagens	검표	geom-pyo
revisor (m)	검표원	geom-pyo-won
atrasar-se (vr)	··· 시간에 늦다	... si-gan-e neut-da
perder (o autocarro, etc.)	놓치다	no-chi-da
estar com pressa	서두르다	seo-du-reu-da
táxi (m)	택시	taek-si
taxista (m)	택시 운전 기사	taek-si un-jeon gi-sa
de táxi (ir ~)	택시로	taek-si-ro
ponto (m) de táxis	택시 정류장	taek-si jeong-nyu-jang
chamar um táxi	택시를 부르다	taek-si-reul bu-reu-da
pegar um táxi	택시를 타다	taek-si-reul ta-da
tráfego (m)	교통	gyo-tong
engarrafamento (m)	교통 체증	gyo-tong che-jeung
horas (f pl) de pico	러시 아워	reo-si a-wo
estacionar (vi)	주차하다	ju-cha-ha-da
estacionar (vt)	주차하다	ju-cha-ha-da
parque (m) de estacionamento	주차장	ju-cha-jang
metrô (m)	지하철	ji-ha-cheol
estação (f)	역	yeok
ir de metrô	지하철을 타다	ji-ha-cheo-reul ta-da
trem (m)	기차	gi-cha
estação (f) de trem	기차역	gi-cha-yeok

28. Cidade. Vida na cidade

cidade (f)	도시	do-si
capital (f)	수도	su-do
aldeia (f)	마을	ma-eul
mapa (m) da cidade	도시 지도	do-si ji-do
centro (m) da cidade	시내	si-nae
subúrbio (m)	근교	geun-gyo
suburbano (adj)	근교의	geun-gyo-ui
arredores (m pl)	주변	ju-byeon
quarteirão (m)	한 구획	han gu-hoek
quarteirão (m) residencial	동	dong
tráfego (m)	교통	gyo-tong
semáforo (m)	신호등	sin-ho-deung
transporte (m) público	대중교통	dae-jung-gyo-tong
cruzamento (m)	교차로	gyo-cha-ro
faixa (f)	횡단 보도	hoeng-dan bo-do
túnel (m) subterrâneo	지하 보도	ji-ha bo-do
cruzar, atravessar (vt)	건너가다	geon-neo-ga-da
pedestre (m)	보행자	bo-haeng-ja
calçada (f)	인도	in-do
ponte (f)	다리	da-ri
margem (f) do rio	강변로	gang-byeon-no
alameda (f)	길	gil
parque (m)	공원	gong-won
bulevar (m)	대로	dae-ro
praça (f)	광장	gwang-jang
avenida (f)	가로	ga-ro
rua (f)	거리	geo-ri
travessa (f)	골목	gol-mok
beco (m) sem saída	막다른길	mak-da-reun-gil
casa (f)	집	jip
edifício, prédio (m)	빌딩	bil-ding
arranha-céu (m)	고층 건물	go-cheung geon-mul
fachada (f)	전면	jeon-myeon
telhado (m)	지붕	ji-bung
janela (f)	창문	chang-mun
arco (m)	아치	a-chi
coluna (f)	기둥	gi-dung
esquina (f)	모퉁이	mo-tung-i
vitrine (f)	쇼윈도우	syo-win-do-u
letreiro (m)	간판	gan-pan
cartaz (do filme, etc.)	포스터	po-seu-teo
cartaz (m) publicitário	광고 포스터	gwang-go po-seu-teo
painel (m) publicitário	광고판	gwang-go-pan
lixo (m)	쓰레기	sseu-re-gi

lata (f) de lixo	쓰레기통	sseu-re-gi-tong
aterro (m) sanitário	쓰레기장	sseu-re-gi-jang
orelhão (m)	공중 전화	gong-jung jeon-hwa
poste (m) de luz	가로등	ga-ro-deung
banco (m)	벤치	ben-chi
polícia (m)	경찰관	gyeong-chal-gwan
polícia (instituição)	경찰	gyeong-chal
mendigo, pedinte (m)	거지	geo-ji
desabrigado (m)	노숙자	no-suk-ja

29. Instituições urbanas

loja (f)	가게, 상점	ga-ge, sang-jeom
drogaria (f)	약국	yak-guk
ótica (f)	안경 가게	an-gyeong ga-ge
centro (m) comercial	쇼핑몰	syo-ping-mol
supermercado (m)	슈퍼마켓	syu-peo-ma-ket
padaria (f)	빵집	ppang-jip
padeiro (m)	제빵사	je-ppang-sa
pastelaria (f)	제과점	je-gwa-jeom
mercearia (f)	식료품점	sing-nyo-pum-jeom
açougue (m)	정육점	jeong-yuk-jeom
fruteira (f)	야채 가게	ya-chae ga-ge
mercado (m)	시장	si-jang
cafeteria (f)	커피숍	keo-pi-syop
restaurante (m)	레스토랑	re-seu-to-rang
bar (m)	바	ba
pizzaria (f)	피자 가게	pi-ja ga-ge
salão (m) de cabeleireiro	미장원	mi-jang-won
agência (f) dos correios	우체국	u-che-guk
lavanderia (f)	드라이 클리닝	deu-ra-i keul-li-ning
estúdio (m) fotográfico	사진관	sa-jin-gwan
sapataria (f)	신발 가게	sin-bal ga-ge
livraria (f)	서점	seo-jeom
loja (f) de artigos esportivos	스포츠용품 매장	seu-po-cheu-yong-pum mae-jang
costureira (m)	옷 수선 가게	ot su-seon ga-ge
aluguel (m) de roupa	의류 임대	ui-ryu im-dae
videolocadora (f)	비디오 대여	bi-di-o dae-yeo
circo (m)	서커스	seo-keo-seu
jardim (m) zoológico	동물원	dong-mu-rwon
cinema (m)	영화관	yeong-hwa-gwan
museu (m)	박물관	bang-mul-gwan
biblioteca (f)	도서관	do-seo-gwan
teatro (m)	극장	geuk-jang

ópera (f)	오페라극장	o-pe-ra-geuk-jang
boate (casa noturna)	나이트 클럽	na-i-teu keul-leop
cassino (m)	카지노	ka-ji-no

mesquita (f)	모스크	mo-seu-keu
sinagoga (f)	유대교 회당	yu-dae-gyo hoe-dang
catedral (f)	대성당	dae-seong-dang
templo (m)	사원, 신전	sa-won, sin-jeon
igreja (f)	교회	gyo-hoe

faculdade (f)	단과대학	dan-gwa-dae-hak
universidade (f)	대학교	dae-hak-gyo
escola (f)	학교	hak-gyo

prefeitura (f)	도, 현	do, hyeon
câmara (f) municipal	시청	si-cheong
hotel (m)	호텔	ho-tel
banco (m)	은행	eun-haeng

embaixada (f)	대사관	dae-sa-gwan
agência (f) de viagens	여행사	yeo-haeng-sa
agência (f) de informações	안내소	an-nae-so
casa (f) de câmbio	환전소	hwan-jeon-so

metrô (m)	지하철	ji-ha-cheol
hospital (m)	병원	byeong-won

posto (m) de gasolina	주유소	ju-yu-so
parque (m) de estacionamento	주차장	ju-cha-jang

30. Sinais

letreiro (m)	간판	gan-pan
aviso (m)	안내문	an-nae-mun
cartaz, pôster (m)	포스터	po-seu-teo
placa (f) de direção	방향표시	bang-hyang-pyo-si
seta (f)	화살표	hwa-sal-pyo

aviso (advertência)	경고	gyeong-go
sinal (m) de aviso	경고판	gyeong-go-pan
avisar, advertir (vt)	경고하다	gyeong-go-ha-da

dia (m) de folga	휴일	hyu-il
horário (~ dos trens, etc.)	시간표	si-gan-pyo
horário (m)	영업 시간	yeong-eop si-gan

BEM-VINDOS!	어서 오세요!	eo-seo o-se-yo!
ENTRADA	입구	ip-gu
SAÍDA	출구	chul-gu

EMPURRE	미세요	mi-se-yo
PUXE	당기세요	dang-gi-se-yo
ABERTO	열림	yeol-lim
FECHADO	닫힘	da-chim

| MULHER | 여성전용 | yeo-seong-jeo-nyong |
| HOMEM | 남성 | nam-seong-jeo-nyong |

DESCONTOS	할인	ha-rin
SALDOS, PROMOÇÃO	세일	se-il
NOVIDADE!	신상품	sin-sang-pum
GRÁTIS	공짜	gong-jja

ATENÇÃO!	주의!	ju-ui!
NÃO HÁ VAGAS	빈 방 없음	bin bang eop-seum
RESERVADO	예약석	ye-yak-seok

| ADMINISTRAÇÃO | 관리부 | gwal-li-bu |
| SOMENTE PESSOAL AUTORIZADO | 직원 전용 | ji-gwon jeo-nyong |

CUIDADO CÃO FEROZ	개조심	gae-jo-sim
PROIBIDO FUMAR!	금연	geu-myeon
NÃO TOCAR	손 대지 마시오!	son dae-ji ma-si-o!

PERIGOSO	위험	wi-heom
PERIGO	위험	wi-heom
ALTA TENSÃO	고전압	go-jeon-ap
PROIBIDO NADAR	수영 금지	su-yeong geum-ji
COM DEFEITO	수리중	su-ri-jung

INFLAMÁVEL	가연성 물자	ga-yeon-seong mul-ja
PROIBIDO	금지	geum-ji
ENTRADA PROIBIDA	출입 금지	chu-rip geum-ji
CUIDADO TINTA FRESCA	칠 주의	chil ju-ui

31. Compras

comprar (vt)	사다	sa-da
compra (f)	구매	gu-mae
fazer compras	쇼핑하다	syo-ping-ha-da
compras (f pl)	쇼핑	syo-ping

| estar aberta (loja) | 열리다 | yeol-li-da |
| estar fechada | 닫다 | dat-da |

calçado (m)	신발	sin-bal
roupa (f)	옷	ot
cosméticos (m pl)	화장품	hwa-jang-pum
alimentos (m pl)	식품	sik-pum
presente (m)	선물	seon-mul

| vendedor (m) | 판매원 | pan-mae-won |
| vendedora (f) | 여판매원 | yeo-pan-mae-won |

caixa (f)	계산대	gye-san-dae
espelho (m)	거울	geo-ul
balcão (m)	계산대	gye-san-dae
provador (m)	탈의실	ta-rui-sil

provar (vt)	입어보다	i-beo-bo-da
servir (roupa, caber)	어울리다	eo-ul-li-da
gostar (apreciar)	좋아하다	jo-a-ha-da

preço (m)	가격	ga-gyeok
etiqueta (f) de preço	가격표	ga-gyeok-pyo
custar (vt)	값이 ⋯ 이다	gap-si ... i-da
Quanto?	얼마?	eol-ma?
desconto (m)	할인	ha-rin

não caro (adj)	비싸지 않은	bi-ssa-ji a-neun
barato (adj)	싼	ssan
caro (adj)	비싼	bi-ssan
É caro	비쌉니다	bi-ssam-ni-da

aluguel (m)	임대	im-dae
alugar (roupas, etc.)	빌리다	bil-li-da
crédito (m)	신용	si-nyong
a crédito	신용으로	si-nyong-eu-ro

VESTUÁRIO & ACESSÓRIOS

32. Roupa exterior. Casacos

roupa (f)	옷	ot
roupa (f) exterior	겉옷	geo-tot
roupa (f) de inverno	겨울옷	gyeo-u-rot
sobretudo (m)	코트	ko-teu
casaco (m) de pele	모피 외투	mo-pi oe-tu
jaqueta (f) de pele	짧은 모피 외투	jjal-beun mo-pi oe-tu
casaco (m) acolchoado	패딩점퍼	pae-ding-jeom-peo
casaco (m), jaqueta (f)	재킷	jae-kit
impermeável (m)	트렌치코트	teu-ren-chi-ko-teu
a prova d'água	방수의	bang-su-ui

33. Vestuário de homem & mulher

camisa (f)	셔츠	syeo-cheu
calça (f)	바지	ba-ji
jeans (m)	청바지	cheong-ba-ji
paletó, terno (m)	재킷	jae-kit
terno (m)	양복	yang-bok
vestido (ex. ~ de noiva)	드레스	deu-re-seu
saia (f)	치마	chi-ma
blusa (f)	블라우스	beul-la-u-seu
casaco (m) de malha	니트 재킷	ni-teu jae-kit
casaco, blazer (m)	재킷	jae-kit
camiseta (f)	티셔츠	ti-syeo-cheu
short (m)	반바지	ban-ba-ji
training (m)	운동복	un-dong-bok
roupão (m) de banho	목욕가운	mo-gyok-ga-un
pijama (m)	파자마	pa-ja-ma
suéter (m)	스웨터	seu-we-teo
pulôver (m)	풀오버	pu-ro-beo
colete (m)	조끼	jo-kki
fraque (m)	연미복	yeon-mi-bok
smoking (m)	턱시도	teok-si-do
uniforme (m)	제복	je-bok
roupa (f) de trabalho	작업복	ja-geop-bok
macacão (m)	작업바지	ja-geop-ba-ji
jaleco (m), bata (f)	가운	ga-un

34. Vestuário. Roupa interior

roupa (f) íntima	속옷	so-got
camiseta (f)	러닝 셔츠	reo-ning syeo-cheu
meias (f pl)	양말	yang-mal
camisola (f)	잠옷	jam-ot
sutiã (m)	브라	beu-ra
meias longas (f pl)	무릎길이 스타킹	mu-reup-gi-ri seu-ta-king
meias-calças (f pl)	팬티 스타킹	paen-ti seu-ta-king
meias (~ de nylon)	밴드 스타킹	baen-deu seu-ta-king
maiô (m)	수영복	su-yeong-bok

35. Adereços de cabeça

chapéu (m), touca (f)	모자	mo-ja
chapéu (m) de feltro	중절모	jung-jeol-mo
boné (m) de beisebol	야구 모자	ya-gu mo-ja
boina (~ italiana)	플랫캡	peul-laet-kaep
boina (ex. ~ basca)	베레모	be-re-mo
capuz (m)	후드	hu-deu
chapéu panamá (m)	파나마 모자	pa-na-ma mo-ja
touca (f)	니트 모자	ni-teu mo-ja
lenço (m)	스카프	seu-ka-peu
chapéu (m) feminino	여성용 모자	yeo-seong-yong mo-ja
capacete (m) de proteção	안전모	an-jeon-mo
bibico (m)	개리슨 캡	gae-ri-seun kaep
capacete (m)	헬멧	hel-met

36. Calçado

calçado (m)	신발	sin-bal
botinas (f pl), sapatos (m pl)	구두	gu-du
sapatos (de salto alto, etc.)	구두	gu-du
botas (f pl)	부츠	bu-cheu
pantufas (f pl)	슬리퍼	seul-li-peo
tênis (~ Nike, etc.)	운동화	un-dong-hwa
tênis (~ Converse)	스니커즈	seu-ni-keo-jeu
sandálias (f pl)	샌들	saen-deul
sapateiro (m)	구둣방	gu-dut-bang
salto (m)	굽	gup
par (m)	켤레	kyeol-le
cadarço (m)	끈	kkeun
amarrar os cadarços	끈을 매다	kkeu-neul mae-da
calçadeira (f)	구둣주걱	gu-dut-ju-geok
graxa (f) para calçado	구두약	gu-du-yak

37. Acessórios pessoais

luva (f)	장갑	jang-gap
mitenes (f pl)	벙어리장갑	beong-eo-ri-jang-gap
cachecol (m)	목도리	mok-do-ri
óculos (m pl)	안경	an-gyeong
armação (f)	안경테	an-gyeong-te
guarda-chuva (m)	우산	u-san
bengala (f)	지팡이	ji-pang-i
escova (f) para o cabelo	빗, 솔빗	bit, sol-bit
leque (m)	부채	bu-chae
gravata (f)	넥타이	nek-ta-i
gravata-borboleta (f)	나비넥타이	na-bi-nek-ta-i
suspensórios (m pl)	멜빵	mel-ppang
lenço (m)	손수건	son-su-geon
pente (m)	빗	bit
fivela (f) para cabelo	머리핀	meo-ri-pin
grampo (m)	머리핀	meo-ri-pin
fivela (f)	버클	beo-keul
cinto (m)	벨트	bel-teu
alça (f) de ombro	어깨끈	eo-kkae-kkeun
bolsa (f)	가방	ga-bang
bolsa (feminina)	핸드백	haen-deu-baek
mochila (f)	배낭	bae-nang

38. Vestuário. Diversos

moda (f)	패션	pae-syeon
na moda (adj)	유행하는	yu-haeng-ha-neun
estilista (m)	패션 디자이너	pae-syeon di-ja-i-neo
colarinho (m)	옷깃	ot-git
bolso (m)	주머니, 포켓	ju-meo-ni, po-ket
de bolso	주머니의	ju-meo-ni-ui
manga (f)	소매	so-mae
ganchinho (m)	거는 끈	geo-neun kkeun
bragueta (f)	바지 지퍼	ba-ji ji-peo
zíper (m)	지퍼	ji-peo
colchete (m)	조임쇠	jo-im-soe
botão (m)	단추	dan-chu
botoeira (casa de botão)	단춧 구멍	dan-chut gu-meong
soltar-se (vr)	떨어지다	tteo-reo-ji-da
costurar (vi)	바느질하다	ba-neu-jil-ha-da
bordar (vt)	수놓다	su-no-ta
bordado (m)	자수	ja-su
agulha (f)	바늘	ba-neul

| fio, linha (f) | 실 | sil |
| costura (f) | 솔기 | sol-gi |

sujar-se (vr)	더러워지다	deo-reo-wo-ji-da
mancha (f)	얼룩	eol-luk
amarrotar-se (vr)	구겨지다	gu-gyeo-ji-da
rasgar (vt)	찢다	jjit-da
traça (f)	좀	jom

39. Cuidados pessoais. Cosméticos

pasta (f) de dente	치약	chi-yak
escova (f) de dente	칫솔	chit-sol
escovar os dentes	이를 닦다	i-reul dak-da

gilete (f)	면도기	myeon-do-gi
creme (m) de barbear	면도용 크림	myeon-do-yong keu-rim
barbear-se (vr)	깎다	kkak-da

| sabonete (m) | 비누 | bi-nu |
| xampu (m) | 샴푸 | syam-pu |

tesoura (f)	가위	ga-wi
lixa (f) de unhas	손톱줄	son-top-jul
corta-unhas (m)	손톱깎이	son-top-kka-kki
pinça (f)	족집게	jok-jip-ge

cosméticos (m pl)	화장품	hwa-jang-pum
máscara (f)	얼굴 마스크	eol-gul ma-seu-keu
manicure (f)	매니큐어	mae-ni-kyu-eo
fazer as unhas	매니큐어를 칠하다	mae-ni-kyu-eo-reul chil-ha-da
pedicure (f)	페디큐어	pe-di-kyu-eo

bolsa (f) de maquiagem	화장품 가방	hwa-jang-pum ga-bang
pó (de arroz)	분	bun
pó (m) compacto	콤팩트	kom-paek-teu
blush (m)	블러셔	beul-leo-syeo

perfume (m)	향수	hyang-su
água-de-colônia (f)	화장수	hwa-jang-su
loção (f)	로션	ro-syeon
colônia (f)	오드콜로뉴	o-deu-kol-lo-nyu

sombra (f) de olhos	아이섀도	a-i-syae-do
delineador (m)	아이라이너	a-i-ra-i-neo
máscara (f), rímel (m)	마스카라	ma-seu-ka-ra

batom (m)	립스틱	rip-seu-tik
esmalte (m)	매니큐어	mae-ni-kyu-eo
laquê (m), spray fixador (m)	헤어 스프레이	he-eo seu-peu-re-i
desodorante (m)	데오도란트	de-o-do-ran-teu

| creme (m) | 크림 | keu-rim |
| creme (m) de rosto | 얼굴 크림 | eol-gul keu-rim |

creme (m) de mãos	핸드 크림	haen-deu keu-rim
creme (m) antirrugas	주름제거 크림	ju-reum-je-geo keu-rim
de dia	낮의	na-jui
da noite	밤의	ba-mui

absorvente (m) interno	탐폰	tam-pon
papel (m) higiênico	화장지	hwa-jang-ji
secador (m) de cabelo	헤어 드라이어	he-eo deu-ra-i-eo

40. Relógios de pulso. Relógios

relógio (m) de pulso	손목 시계	son-mok si-gye
mostrador (m)	문자반	mun-ja-ban
ponteiro (m)	바늘	ba-neul
bracelete (em aço)	금속제 시계줄	geum-sok-je si-gye-jul
bracelete (em couro)	시계줄	si-gye-jul

pilha (f)	건전지	geon-jeon-ji
acabar (vi)	나가다	na-ga-da
trocar a pilha	배터리를 갈다	bae-teo-ri-reul gal-da
estar adiantado	빨리 가다	ppal-li ga-da
estar atrasado	늦게 가다	neut-ge ga-da

relógio (m) de parede	벽시계	byeok-si-gye
ampulheta (f)	모래시계	mo-rae-si-gye
relógio (m) de sol	해시계	hae-si-gye
despertador (m)	알람 시계	al-lam si-gye
relojoeiro (m)	시계 기술자	si-gye gi-sul-ja
reparar (vt)	수리하다	su-ri-ha-da

EXPERIÊNCIA DO QUOTIDIANO

41. Dinheiro

dinheiro (m)	돈	don
câmbio (m)	환전	hwan-jeon
taxa (f) de câmbio	환율	hwa-nyul
caixa (m) eletrônico	현금 자동 지급기	hyeon-geum ja-dong ji-geup-gi
moeda (f)	동전	dong-jeon
dólar (m)	달러	dal-leo
euro (m)	유로	yu-ro
lira (f)	리라	ri-ra
marco (m)	마르크	ma-reu-keu
franco (m)	프랑	peu-rang
libra (f) esterlina	파운드	pa-un-deu
iene (m)	엔	en
dívida (f)	빚	bit
devedor (m)	채무자	chae-mu-ja
emprestar (vt)	빌려주다	bil-lyeo-ju-da
pedir emprestado	빌리다	bil-li-da
banco (m)	은행	eun-haeng
conta (f)	계좌	gye-jwa
depositar na conta	계좌에 입금하다	ip-geum-ha-da
sacar (vt)	출금하다	chul-geum-ha-da
cartão (m) de crédito	신용 카드	si-nyong ka-deu
dinheiro (m) vivo	현금	hyeon-geum
cheque (m)	수표	su-pyo
passar um cheque	수표를 끊다	su-pyo-reul kkeun-ta
talão (m) de cheques	수표책	su-pyo-chaek
carteira (f)	지갑	ji-gap
niqueleira (f)	동전지갑	dong-jeon-ji-gap
cofre (m)	금고	geum-go
herdeiro (m)	상속인	sang-so-gin
herança (f)	유산	yu-san
fortuna (riqueza)	재산, 큰돈	jae-san, keun-don
arrendamento (m)	임대	im-dae
aluguel (pagar o ~)	집세	jip-se
alugar (vt)	임대하다	im-dae-ha-da
preço (m)	가격	ga-gyeok
custo (m)	비용	bi-yong

soma (f)	액수	aek-su
gastar (vt)	쓰다	sseu-da
gastos (m pl)	출비를	chul-bi-reul
economizar (vi)	절약하다	jeo-ryak-a-da
econômico (adj)	경제적인	gyeong-je-jeo-gin
pagar (vt)	지불하다	ji-bul-ha-da
pagamento (m)	지불	ji-bul
troco (m)	거스름돈	geo-seu-reum-don
imposto (m)	세금	se-geum
multa (f)	벌금	beol-geum
multar (vt)	벌금을 부과하다	beol-geu-meul bu-gwa-ha-da

42. Correios. Serviço postal

agência (f) dos correios	우체국	u-che-guk
correio (m)	우편물	u-pyeon-mul
carteiro (m)	우체부	u-che-bu
horário (m)	영업 시간	yeong-eop si-gan
carta (f)	편지	pyeon-ji
carta (f) registada	등기 우편	deung-gi u-pyeon
cartão (m) postal	엽서	yeop-seo
telegrama (m)	전보	jeon-bo
encomenda (f)	소포	so-po
transferência (f) de dinheiro	송금	song-geum
receber (vt)	받다	bat-da
enviar (vt)	보내다	bo-nae-da
envio (m)	발송	bal-song
endereço (m)	주소	ju-so
código (m) postal	우편 번호	u-pyeon beon-ho
remetente (m)	발송인	bal-song-in
destinatário (m)	수신인	su-sin-in
nome (m)	이름	i-reum
sobrenome (m)	성	seong
tarifa (f)	요금	yo-geum
ordinário (adj)	일반의	il-ba-nui
econômico (adj)	경제적인	gyeong-je-jeo-gin
peso (m)	무게	mu-ge
pesar (estabelecer o peso)	무게를 달다	mu-ge-reul dal-da
envelope (m)	봉투	bong-tu
selo (m) postal	우표	u-pyo

43. Banca

banco (m)	은행	eun-haeng
balcão (f)	지점	ji-jeom

consultor (m) bancário	행원	haeng-won
gerente (m)	지배인	ji-bae-in
conta (f)	은행계좌	eun-haeng-gye-jwa
número (m) da conta	계좌 번호	gye-jwa beon-ho
conta (f) corrente	당좌	dang-jwa
conta (f) poupança	보통 예금	bo-tong ye-geum
abrir uma conta	계좌를 열다	gye-jwa-reul ryeol-da
fechar uma conta	계좌를 해지하다	gye-jwa-reul hae-ji-ha-da
depositar na conta	계좌에 입금하다	ip-geum-ha-da
sacar (vt)	출금하다	chul-geum-ha-da
depósito (m)	저금	jeo-geum
fazer um depósito	입금하다	ip-geum-ha-da
transferência (f) bancária	송금	song-geum
transferir (vt)	송금하다	song-geum-ha-da
soma (f)	액수	aek-su
Quanto?	얼마?	eol-ma?
assinatura (f)	서명	seo-myeong
assinar (vt)	서명하다	seo-myeong-ha-da
cartão (m) de crédito	신용 카드	si-nyong ka-deu
senha (f)	비밀번호	bi-mil-beon-ho
número (m) do cartão de crédito	신용 카드 번호	si-nyong ka-deu beon-ho
caixa (m) eletrônico	현금 자동 지급기	hyeon-geum ja-dong ji-geup-gi
cheque (m)	수표	su-pyo
passar um cheque	수표를 끊다	su-pyo-reul kkeun-ta
talão (m) de cheques	수표책	su-pyo-chaek
empréstimo (m)	대출	dae-chul
pedir um empréstimo	대출 신청하다	dae-chul sin-cheong-ha-da
obter empréstimo	대출을 받다	dae-chu-reul bat-da
dar um empréstimo	대출하다	dae-chul-ha-da
garantia (f)	담보	dam-bo

44. Telefone. Conversação telefônica

telefone (m)	전화	jeon-hwa
celular (m)	휴대폰	hyu-dae-pon
secretária (f) eletrônica	자동 응답기	ja-dong eung-dap-gi
fazer uma chamada	전화하다	jeon-hwa-ha-da
chamada (f)	통화	tong-hwa
discar um número	번호로 걸다	beon-ho-ro geol-da
Alô!	여보세요!	yeo-bo-se-yo!
perguntar (vt)	묻다	mut-da
responder (vt)	전화를 받다	jeon-hwa-reul bat-da

ouvir (vt)	듣다	deut-da
bem	잘	jal
mal	좋지 않은	jo-chi a-neun
ruído (m)	잡음	ja-beum
fone (m)	수화기	su-hwa-gi
pegar o telefone	전화를 받다	jeon-hwa-reul bat-da
desligar (vi)	전화를 끊다	jeon-hwa-reul kkeun-ta
ocupado (adj)	통화 중인	tong-hwa jung-in
tocar (vi)	울리다	ul-li-da
lista (f) telefônica	전화 번호부	jeon-hwa beon-ho-bu
local (adj)	시내의	si-nae-ui
de longa distância	장거리의	jang-geo-ri-ui
internacional (adj)	국제적인	guk-je-jeo-gin

45. Telefone móvel

celular (m)	휴대폰	hyu-dae-pon
tela (f)	화면	hwa-myeon
botão (m)	버튼	beo-teun
cartão SIM (m)	SIM 카드	SIM ka-deu
bateria (f)	건전지	geon-jeon-ji
descarregar-se (vr)	나가다	na-ga-da
carregador (m)	충전기	chung-jeon-gi
menu (m)	메뉴	me-nyu
configurações (f pl)	설정	seol-jeong
melodia (f)	벨소리	bel-so-ri
escolher (vt)	선택하다	seon-taek-a-da
calculadora (f)	계산기	gye-san-gi
correio (m) de voz	자동 응답기	ja-dong eung-dap-gi
despertador (m)	알람 시계	al-lam si-gye
contatos (m pl)	연락처	yeol-lak-cheo
mensagem (f) de texto	문자 메시지	mun-ja me-si-ji
assinante (m)	가입자	ga-ip-ja

46. Estacionário

caneta (f)	볼펜	bol-pen
caneta (f) tinteiro	만년필	man-nyeon-pil
lápis (m)	연필	yeon-pil
marcador (m) de texto	형광펜	hyeong-gwang-pen
caneta (f) hidrográfica	사인펜	sa-in-pen
bloco (m) de notas	공책	gong-chaek
agenda (f)	수첩	su-cheop

régua (f)	자	ja
calculadora (f)	계산기	gye-san-gi
borracha (f)	지우개	ji-u-gae
alfinete (m)	압정	ap-jeong
clipe (m)	클립	keul-lip
cola (f)	접착제	jeop-chak-je
grampeador (m)	호치키스	ho-chi-ki-seu
furador (m) de papel	펀치	peon-chi
apontador (m)	연필깎이	yeon-pil-kka-kki

47. Línguas estrangeiras

língua (f)	언어	eon-eo
língua (f) estrangeira	외국어	oe-gu-geo
estudar (vt)	공부하다	gong-bu-ha-da
aprender (vt)	배우다	bae-u-da
ler (vt)	읽다	ik-da
falar (vi)	말하다	mal-ha-da
entender (vt)	이해하다	i-hae-ha-da
escrever (vt)	쓰다	sseu-da
rapidamente	빨리	ppal-li
devagar, lentamente	천천히	cheon-cheon-hi
fluentemente	유창하게	yu-chang-ha-ge
regras (f pl)	규칙	gyu-chik
gramática (f)	문법	mun-beop
vocabulário (m)	어휘	eo-hwi
fonética (f)	음성학	eum-seong-hak
livro (m) didático	교과서	gyo-gwa-seo
dicionário (m)	사전	sa-jeon
manual (m) autodidático	자습서	ja-seup-seo
guia (m) de conversação	회화집	hoe-hwa-jip
fita (f) cassete	테이프	te-i-peu
videoteipe (m)	비디오테이프	bi-di-o-te-i-peu
CD (m)	씨디	ssi-di
DVD (m)	디비디	di-bi-di
alfabeto (m)	알파벳	al-pa-bet
soletrar (vt)	… 의 철자이다	… ui cheol-ja-i-da
pronúncia (f)	발음	ba-reum
sotaque (m)	악센트	ak-sen-teu
com sotaque	사투리로	sa-tu-ri-ro
sem sotaque	억양 없이	eo-gyang eop-si
palavra (f)	단어	dan-eo
sentido (m)	의미	ui-mi
curso (m)	강좌	gang-jwa
inscrever-se (vr)	등록하다	deung-nok-a-da

professor (m)	강사	gang-sa
tradução (processo)	번역	beo-nyeok
tradução (texto)	번역	beo-nyeok
tradutor (m)	번역가	beo-nyeok-ga
intérprete (m)	통역가	tong-yeok-ga
poliglota (m)	수개 국어를 말하는 사람	su-gae gu-geo-reul mal-ha-neun sa-ram
memória (f)	기억력	gi-eong-nyeok

REFEIÇÕES. RESTAURANTE

48. Por a mesa

colher (f)	숟가락	sut-ga-rak
faca (f)	나이프	na-i-peu
garfo (m)	포크	po-keu
xícara (f)	컵	keop
prato (m)	접시	jeop-si
pires (m)	받침 접시	bat-chim jeop-si
guardanapo (m)	냅킨	naep-kin
palito (m)	이쑤시개	i-ssu-si-gae

49. Restaurante

restaurante (m)	레스토랑	re-seu-to-rang
cafeteria (f)	커피숍	keo-pi-syop
bar (m), cervejaria (f)	바	ba
salão (m) de chá	카페, 티룸	ka-pe, ti-rum
garçom (m)	웨이터	we-i-teo
garçonete (f)	웨이트리스	we-i-teu-ri-seu
barman (m)	바텐더	ba-ten-deo
cardápio (m)	메뉴판	me-nyu-pan
lista (f) de vinhos	와인 메뉴	wa-in me-nyu
reservar uma mesa	테이블 예약을 하다	te-i-beul rye-ya-geul ha-da
prato (m)	요리, 코스	yo-ri, ko-seu
pedir (vt)	주문하다	ju-mun-ha-da
fazer o pedido	주문을 하다	ju-mu-neul ha-da
aperitivo (m)	아페리티프	a-pe-ri-ti-peu
entrada (f)	애피타이저	ae-pi-ta-i-jeo
sobremesa (f)	디저트	di-jeo-teu
conta (f)	계산서	gye-san-seo
pagar a conta	계산하다	gye-san-ha-da
dar o troco	거스름돈을 주다	geo-seu-reum-do-neul ju-da
gorjeta (f)	팁	tip

50. Refeições

comida (f)	음식	eum-sik
comer (vt)	먹다	meok-da

café (m) da manhã	아침식사	a-chim-sik-sa
tomar café da manhã	아침을 먹다	a-chi-meul meok-da
almoço (m)	점심식사	jeom-sim-sik-sa
almoçar (vi)	점심을 먹다	jeom-si-meul meok-da
jantar (m)	저녁식사	jeo-nyeok-sik-sa
jantar (vi)	저녁을 먹다	jeo-nyeo-geul meok-da
apetite (m)	식욕	si-gyok
Bom apetite!	맛있게 드십시오!	man-nit-ge deu-sip-si-o!
abrir (~ uma lata, etc.)	열다	yeol-da
derramar (~ líquido)	엎지르다	eop-ji-reu-da
derramar-se (vr)	쏟아지다	sso-da-ji-da
ferver (vi)	끓다	kkeul-ta
ferver (vt)	끓이다	kkeu-ri-da
fervido (adj)	끓인	kkeu-rin
esfriar (vt)	식히다	sik-i-da
esfriar-se (vr)	식다	sik-da
sabor, gosto (m)	맛	mat
fim (m) de boca	뒷 맛	dwit mat
emagrecer (vi)	살을 빼다	sa-reul ppae-da
dieta (f)	다이어트	da-i-eo-teu
vitamina (f)	비타민	bi-ta-min
caloria (f)	칼로리	kal-lo-ri
vegetariano (m)	채식주의자	chae-sik-ju-ui-ja
vegetariano (adj)	채식주의의	chae-sik-ju-ui-ui
gorduras (f pl)	지방	ji-bang
proteínas (f pl)	단백질	dan-baek-jil
carboidratos (m pl)	탄수화물	tan-su-hwa-mul
fatia (~ de limão, etc.)	조각	jo-gak
pedaço (~ de bolo)	조각	jo-gak
migalha (f), farelo (m)	부스러기	bu-seu-reo-gi

51. Pratos cozinhados

prato (m)	요리, 코스	yo-ri, ko-seu
cozinha (~ portuguesa)	요리	yo-ri
receita (f)	요리법	yo-ri-beop
porção (f)	분량	bul-lyang
salada (f)	샐러드	sael-leo-deu
sopa (f)	수프	su-peu
caldo (m)	육수	yuk-su
sanduíche (m)	샌드위치	saen-deu-wi-chi
ovos (m pl) fritos	계란후라이	gye-ran-hu-ra-i
hambúrguer (m)	햄버거	haem-beo-geo
bife (m)	비프스테이크	bi-peu-seu-te-i-keu

acompanhamento (m)	사이드 메뉴	sa-i-deu me-nyu
espaguete (m)	스파게티	seu-pa-ge-ti
purê (m) de batata	으깬 감자	eu-kkaen gam-ja
pizza (f)	피자	pi-ja
mingau (m)	죽	juk
omelete (f)	오믈렛	o-meul-let

fervido (adj)	삶은	sal-meun
defumado (adj)	훈제된	hun-je-doen
frito (adj)	튀긴	twi-gin
seco (adj)	말린	mal-lin
congelado (adj)	얼린	eol-lin
em conserva (adj)	초절인	cho-jeo-rin

doce (adj)	단	dan
salgado (adj)	짠	jjan
frio (adj)	차가운	cha-ga-un
quente (adj)	뜨거운	tteu-geo-un
amargo (adj)	쓴	sseun
gostoso (adj)	맛있는	man-nin-neun

cozinhar em água fervente	삶다	sam-da
preparar (vt)	요리하다	yo-ri-ha-da
fritar (vt)	부치다	bu-chi-da
aquecer (vt)	데우다	de-u-da

salgar (vt)	소금을 넣다	so-geu-meul leo-ta
apimentar (vt)	후추를 넣다	hu-chu-reul leo-ta
ralar (vt)	강판에 갈다	gang-pa-ne gal-da
casca (f)	껍질	kkeop-jil
descascar (vt)	껍질 벗기다	kkeop-jil beot-gi-da

52. Comida

carne (f)	고기	go-gi
galinha (f)	닭고기	dak-go-gi
frango (m)	영계	yeong-gye
pato (m)	오리고기	o-ri-go-gi
ganso (m)	거위고기	geo-wi-go-gi
caça (f)	사냥감	sa-nyang-gam
peru (m)	칠면조고기	chil-myeon-jo-go-gi

carne (f) de porco	돼지고기	dwae-ji-go-gi
carne (f) de vitela	송아지 고기	song-a-ji go-gi
carne (f) de carneiro	양고기	yang-go-gi
carne (f) de vaca	소고기	so-go-gi
carne (f) de coelho	토끼고기	to-kki-go-gi

linguiça (f), salsichão (m)	소시지	so-si-ji
salsicha (f)	비엔나 소시지	bi-en-na so-si-ji
bacon (m)	베이컨	be-i-keon
presunto (m)	햄	haem
pernil (m) de porco	개먼	gae-meon
patê (m)	파테	pa-te

fígado (m)	간	gan
guisado (m)	다진 고기	da-jin go-gi
língua (f)	혀	hyeo
ovo (m)	계란	gye-ran
ovos (m pl)	계란	gye-ran
clara (f) de ovo	흰자	huin-ja
gema (f) de ovo	노른자	no-reun-ja
peixe (m)	생선	saeng-seon
mariscos (m pl)	해물	hae-mul
caviar (m)	캐비어	kae-bi-eo
caranguejo (m)	게	ge
camarão (m)	새우	sae-u
ostra (f)	굴	gul
lagosta (f)	대하	dae-ha
polvo (m)	문어	mun-eo
lula (f)	오징어	o-jing-eo
esturjão (m)	철갑상어	cheol-gap-sang-eo
salmão (m)	연어	yeon-eo
halibute (m)	넙치	neop-chi
bacalhau (m)	대구	dae-gu
cavala, sarda (f)	고등어	go-deung-eo
atum (m)	참치	cham-chi
enguia (f)	뱀장어	baem-jang-eo
truta (f)	송어	song-eo
sardinha (f)	정어리	jeong-eo-ri
lúcio (m)	강꼬치고기	gang-kko-chi-go-gi
arenque (m)	청어	cheong-eo
pão (m)	빵	ppang
queijo (m)	치즈	chi-jeu
açúcar (m)	설탕	seol-tang
sal (m)	소금	so-geum
arroz (m)	쌀	ssal
massas (f pl)	파스타	pa-seu-ta
talharim, miojo (m)	면	myeon
manteiga (f)	버터	beo-teo
óleo (m) vegetal	식물유	sing-mu-ryu
óleo (m) de girassol	해바라기유	hae-ba-ra-gi-yu
margarina (f)	마가린	ma-ga-rin
azeitonas (f pl)	올리브	ol-li-beu
azeite (m)	올리브유	ol-li-beu-yu
leite (m)	우유	u-yu
leite (m) condensado	연유	yeo-nyu
iogurte (m)	요구르트	yo-gu-reu-teu
creme (m) azedo	사워크림	sa-wo-keu-rim
creme (m) de leite	크림	keu-rim

| maionese (f) | 마요네즈 | ma-yo-ne-jeu |
| creme (m) | 버터크림 | beo-teo-keu-rim |

grãos (m pl) de cereais	곡물	gong-mul
farinha (f)	밀가루	mil-ga-ru
enlatados (m pl)	통조림	tong-jo-rim

flocos (m pl) de milho	콘플레이크	kon-peul-le-i-keu
mel (m)	꿀	kkul
geleia (m)	잼	jaem
chiclete (m)	껌	kkeom

53. Bebidas

água (f)	물	mul
água (f) potável	음료수	eum-nyo-su
água (f) mineral	미네랄 워터	mi-ne-ral rwo-teo

sem gás (adj)	탄산 없는	tan-san neom-neun
gaseificada (adj)	탄산의	tan-sa-nui
com gás	탄산이 든	tan-san-i deun
gelo (m)	얼음	eo-reum
com gelo	얼음을 넣은	eo-reu-meul leo-eun

não alcoólico (adj)	무알코올의	mu-al-ko-o-rui
refrigerante (m)	청량음료	cheong-nyang-eum-nyo
refresco (m)	청량 음료	cheong-nyang eum-nyo
limonada (f)	레모네이드	re-mo-ne-i-deu

bebidas (f pl) alcoólicas	술	sul
vinho (m)	와인	wa-in
vinho (m) branco	백 포도주	baek po-do-ju
vinho (m) tinto	레드 와인	re-deu wa-in

licor (m)	리큐르	ri-kyu-reu
champanhe (m)	샴페인	syam-pe-in
vermute (m)	베르무트	be-reu-mu-teu

uísque (m)	위스키	wi-seu-ki
vodca (f)	보드카	bo-deu-ka
gim (m)	진	jin
conhaque (m)	코냑	ko-nyak
rum (m)	럼	reom

café (m)	커피	keo-pi
café (m) preto	블랙 커피	beul-laek keo-pi
café (m) com leite	밀크 커피	mil-keu keo-pi
cappuccino (m)	카푸치노	ka-pu-chi-no
café (m) solúvel	인스턴트 커피	in-seu-teon-teu keo-pi

leite (m)	우유	u-yu
coquetel (m)	칵테일	kak-te-il
batida (f), milkshake (m)	밀크 셰이크	mil-keu sye-i-keu
suco (m)	주스	ju-seu

suco (m) de tomate	토마토 주스	to-ma-to ju-seu
suco (m) de laranja	오렌지 주스	o-ren-ji ju-seu
suco (m) fresco	생과일주스	saeng-gwa-il-ju-seu

cerveja (f)	맥주	maek-ju
cerveja (f) clara	라거	ra-geo
cerveja (f) preta	흑맥주	heung-maek-ju

chá (m)	차	cha
chá (m) preto	홍차	hong-cha
chá (m) verde	녹차	nok-cha

54. Vegetais

| vegetais (m pl) | 채소 | chae-so |
| verdura (f) | 녹황색 채소 | nok-wang-saek chae-so |

tomate (m)	토마토	to-ma-to
pepino (m)	오이	o-i
cenoura (f)	당근	dang-geun
batata (f)	감자	gam-ja
cebola (f)	양파	yang-pa
alho (m)	마늘	ma-neul

couve (f)	양배추	yang-bae-chu
couve-flor (f)	컬리플라워	keol-li-peul-la-wo
couve-de-bruxelas (f)	방울다다기 양배추	bang-ul-da-da-gi yang-bae-chu
brócolis (m pl)	브로콜리	beu-ro-kol-li

beterraba (f)	비트	bi-teu
berinjela (f)	가지	ga-ji
abobrinha (f)	애호박	ae-ho-bak

| abóbora (f) | 호박 | ho-bak |
| nabo (m) | 순무 | sun-mu |

salsa (f)	파슬리	pa-seul-li
endro, aneto (m)	딜	dil
alface (f)	양상추	yang-sang-chu
aipo (m)	셀러리	sel-leo-ri

| aspargo (m) | 아스파라거스 | a-seu-pa-ra-geo-seu |
| espinafre (m) | 시금치 | si-geum-chi |

| ervilha (f) | 완두 | wan-du |
| feijão (~ soja, etc.) | 콩 | kong |

| milho (m) | 옥수수 | ok-su-su |
| feijão (m) roxo | 강낭콩 | gang-nang-kong |

pimentão (m)	피망	pi-mang
rabanete (m)	무	mu
alcachofra (f)	아티초크	a-ti-cho-keu

55. Frutos. Nozes

fruta (f)	과일	gwa-il
maçã (f)	사과	sa-gwa
pera (f)	배	bae
limão (m)	레몬	re-mon
laranja (f)	오렌지	o-ren-ji
morango (m)	딸기	ttal-gi
tangerina (f)	귤	gyul
ameixa (f)	자두	ja-du
pêssego (m)	복숭아	bok-sung-a
damasco (m)	살구	sal-gu
framboesa (f)	라즈베리	ra-jeu-be-ri
abacaxi (m)	파인애플	pa-in-ae-peul
banana (f)	바나나	ba-na-na
melancia (f)	수박	su-bak
uva (f)	포도	po-do
ginja (f)	신양	si-nyang
cereja (f)	양벚나무	yang-beon-na-mu
melão (m)	멜론	mel-lon
toranja (f)	자몽	ja-mong
abacate (m)	아보카도	a-bo-ka-do
mamão (m)	파파야	pa-pa-ya
manga (f)	망고	mang-go
romã (f)	석류	seong-nyu
groselha (f) vermelha	레드커런트	re-deu-keo-ren-teu
groselha (f) negra	블랙커런트	beul-laek-keo-ren-teu
groselha (f) espinhosa	구스베리	gu-seu-be-ri
mirtilo (m)	빌베리	bil-be-ri
amora (f) silvestre	블랙베리	beul-laek-be-ri
passa (f)	건포도	geon-po-do
figo (m)	무화과	mu-hwa-gwa
tâmara (f)	대추야자	dae-chu-ya-ja
amendoim (m)	땅콩	ttang-kong
amêndoa (f)	아몬드	a-mon-deu
noz (f)	호두	ho-du
avelã (f)	개암	gae-am
coco (m)	코코넛	ko-ko-neot
pistaches (m pl)	피스타치오	pi-seu-ta-chi-o

56. Pão. Bolaria

pastelaria (f)	과자류	gwa-ja-ryu
pão (m)	빵	ppang
biscoito (m), bolacha (f)	쿠키	ku-ki
chocolate (m)	초콜릿	cho-kol-lit
de chocolate	초콜릿의	cho-kol-lis-ui

bala (f)	사탕	sa-tang
doce (bolo pequeno)	케이크	ke-i-keu
bolo (m) de aniversário	케이크	ke-i-keu
torta (f)	파이	pa-i
recheio (m)	속	sok
geleia (m)	잼	jaem
marmelada (f)	마멀레이드	ma-meol-le-i-deu
wafers (m pl)	와플	wa-peul
sorvete (m)	아이스크림	a-i-seu-keu-rim

57. Especiarias

sal (m)	소금	so-geum
salgado (adj)	짜	jja
salgar (vt)	소금을 넣다	so-geu-meul leo-ta
pimenta-do-reino (f)	후추	hu-chu
pimenta (f) vermelha	고춧가루	go-chut-ga-ru
mostarda (f)	겨자	gyeo-ja
raiz-forte (f)	고추냉이	go-chu-naeng-i
condimento (m)	양념	yang-nyeom
especiaria (f)	향료	hyang-nyo
molho (~ inglês)	소스	so-seu
vinagre (m)	식초	sik-cho
anis estrelado (m)	아니스	a-ni-seu
manjericão (m)	바질	ba-jil
cravo (m)	정향	jeong-hyang
gengibre (m)	생강	saeng-gang
coentro (m)	고수	go-su
canela (f)	계피	gye-pi
gergelim (m)	깨	kkae
folha (f) de louro	월계수잎	wol-gye-su-ip
páprica (f)	파프리카	pa-peu-ri-ka
cominho (m)	캐러웨이	kae-reo-we-i
açafrão (m)	사프란	sa-peu-ran

INFORMAÇÃO PESSOAL. FAMÍLIA

58. Informação pessoal. Formulários

nome (m)	이름	i-reum
sobrenome (m)	성	seong
data (f) de nascimento	생년월일	saeng-nyeon-wo-ril
local (m) de nascimento	탄생지	tan-saeng-ji
nacionalidade (f)	국적	guk-jeok
lugar (m) de residência	거소	geo-so
país (m)	나라	na-ra
profissão (f)	직업	ji-geop
sexo (m)	성별	seong-byeol
estatura (f)	키	ki
peso (m)	몸무게	mom-mu-ge

59. Membros da família. Parentes

mãe (f)	어머니	eo-meo-ni
pai (m)	아버지	a-beo-ji
filho (m)	아들	a-deul
filha (f)	딸	ttal
caçula (f)	작은딸	ja-geun-ttal
caçula (m)	작은아들	ja-geun-a-deul
filha (f) mais velha	맏딸	mat-ttal
filho (m) mais velho	맏아들	ma-da-deul
irmão (m)	형제	hyeong-je
irmã (f)	자매	ja-mae
primo (m)	사촌 형제	sa-chon hyeong-je
prima (f)	사촌 자매	sa-chon ja-mae
mamãe (f)	엄마	eom-ma
papai (m)	아빠	a-ppa
pais (pl)	부모	bu-mo
criança (f)	아이, 아동	a-i, a-dong
crianças (f pl)	아이들	a-i-deul
avó (f)	할머니	hal-meo-ni
avô (m)	할아버지	ha-ra-beo-ji
neto (m)	손자	son-ja
neta (f)	손녀	son-nyeo
netos (pl)	손자들	son-ja-deul
tio (m)	삼촌	sam-chon

sobrinho (m)	조카	jo-ka
sobrinha (f)	조카딸	jo-ka-ttal
sogra (f)	장모	jang-mo
sogro (m)	시아버지	si-a-beo-ji
genro (m)	사위	sa-wi
madrasta (f)	계모	gye-mo
padrasto (m)	계부	gye-bu
criança (f) de colo	영아	yeong-a
bebê (m)	아기	a-gi
menino (m)	꼬마	kko-ma
mulher (f)	아내	a-nae
marido (m)	남편	nam-pyeon
esposo (m)	배우자	bae-u-ja
esposa (f)	배우자	bae-u-ja
casado (adj)	결혼한	gyeol-hon-han
casada (adj)	결혼한	gyeol-hon-han
solteiro (adj)	미혼의	mi-hon-ui
solteirão (m)	미혼 남자	mi-hon nam-ja
divorciado (adj)	이혼한	i-hon-han
viúva (f)	과부	gwa-bu
viúvo (m)	홀아비	ho-ra-bi
parente (m)	친척	chin-cheok
parente (m) próximo	가까운 친척	ga-kka-un chin-cheok
parente (m) distante	먼 친척	meon chin-cheok
parentes (m pl)	친척들	chin-cheok-deul
órfão (m), órfã (f)	고아	go-a
tutor (m)	후견인	hu-gyeon-in
adotar (um filho)	입양하다	i-byang-ha-da
adotar (uma filha)	입양하다	i-byang-ha-da

60. Amigos. Colegas de trabalho

amigo (m)	친구	chin-gu
amiga (f)	친구	chin-gu
amizade (f)	우정	u-jeong
ser amigos	사귀다	sa-gwi-da
amigo (m)	벗	beot
amiga (f)	벗	beot
parceiro (m)	파트너	pa-teu-neo
chefe (m)	상사	sang-sa
superior (m)	윗사람	wit-sa-ram
subordinado (m)	부하	bu-ha
colega (m, f)	동료	dong-nyo
conhecido (m)	아는 사람	a-neun sa-ram
companheiro (m) de viagem	동행자	dong-haeng-ja

colega (m) de classe	동급생	dong-geup-saeng
vizinho (m)	이웃	i-ut
vizinha (f)	이웃	i-ut
vizinhos (pl)	이웃들	i-ut-deul

CORPO HUMANO. MEDICINA

61. Cabeça

cabeça (f)	머리	meo-ri
rosto, cara (f)	얼굴	eol-gul
nariz (m)	코	ko
boca (f)	입	ip
olho (m)	눈	nun
olhos (m pl)	눈	nun
pupila (f)	눈동자	nun-dong-ja
sobrancelha (f)	눈썹	nun-sseop
cílio (f)	속눈썹	song-nun-sseop
pálpebra (f)	눈꺼풀	nun-kkeo-pul
língua (f)	혀	hyeo
dente (m)	이	i
lábios (m pl)	입술	ip-sul
maçãs (f pl) do rosto	광대뼈	gwang-dae-ppyeo
gengiva (f)	잇몸	in-mom
palato (m)	입천장	ip-cheon-jang
narinas (f pl)	콧구멍	kot-gu-meong
queixo (m)	턱	teok
mandíbula (f)	턱	teok
bochecha (f)	뺨, 볼	ppyam, bol
testa (f)	이마	i-ma
têmpora (f)	관자놀이	gwan-ja-no-ri
orelha (f)	귀	gwi
costas (f pl) da cabeça	뒤통수	dwi-tong-su
pescoço (m)	목	mok
garganta (f)	목구멍	mok-gu-meong
cabelo (m)	머리털, 헤어	meo-ri-teol, he-eo
penteado (m)	머리 스타일	meo-ri seu-ta-il
corte (m) de cabelo	헤어컷	he-eo-keot
peruca (f)	가발	ga-bal
bigode (m)	콧수염	kot-su-yeom
barba (f)	턱수염	teok-su-yeom
ter (~ barba, etc.)	기르다	gi-reu-da
trança (f)	땋은 머리	tta-eun meo-ri
suíças (f pl)	구레나룻	gu-re-na-rut
ruivo (adj)	빨강머리의	ppal-gang-meo-ri-ui
grisalho (adj)	흰머리의	huin-meo-ri-ui
careca (adj)	대머리인	dae-meo-ri-in
calva (f)	땜통	ttaem-tong

rabo-de-cavalo (m)	말총머리	mal-chong-meo-ri
franja (f)	앞머리	am-meo-ri

62. Corpo humano

mão (f)	손	son
braço (m)	팔	pal
dedo (m)	손가락	son-ga-rak
polegar (m)	엄지손가락	eom-ji-son-ga-rak
dedo (m) mindinho	새끼손가락	sae-kki-son-ga-rak
unha (f)	손톱	son-top
punho (m)	주먹	ju-meok
palma (f)	손바닥	son-ba-dak
pulso (m)	손목	son-mok
antebraço (m)	전박	jeon-bak
cotovelo (m)	팔꿈치	pal-kkum-chi
ombro (m)	어깨	eo-kkae
perna (f)	다리	da-ri
pé (m)	발	bal
joelho (m)	무릎	mu-reup
panturrilha (f)	종아리	jong-a-ri
quadril (m)	엉덩이	eong-deong-i
calcanhar (m)	발뒤꿈치	bal-dwi-kkum-chi
corpo (m)	몸	mom
barriga (f), ventre (m)	배	bae
peito (m)	가슴	ga-seum
seio (m)	가슴	ga-seum
lado (m)	옆구리	yeop-gu-ri
costas (dorso)	등	deung
região (f) lombar	허리	heo-ri
cintura (f)	허리	heo-ri
umbigo (m)	배꼽	bae-kkop
nádegas (f pl)	엉덩이	eong-deong-i
traseiro (m)	엉덩이	eong-deong-i
sinal (m), pinta (f)	점	jeom
sinal (m) de nascença	모반	mo-ban
tatuagem (f)	문신	mun-sin
cicatriz (f)	흉터	hyung-teo

63. Doenças

doença (f)	병	byeong
estar doente	눕다	nup-da
saúde (f)	건강	geon-gang
nariz (m) escorrendo	비염	bi-yeom
amigdalite (f)	편도염	pyeon-do-yeom

resfriado (m)	감기	gam-gi
ficar resfriado	감기에 걸리다	gam-gi-e geol-li-da
bronquite (f)	기관지염	gi-gwan-ji-yeom
pneumonia (f)	폐렴	pye-ryeom
gripe (f)	독감	dok-gam
míope (adj)	근시의	geun-si-ui
presbita (adj)	원시의	won-si-ui
estrabismo (m)	사시	sa-si
estrábico, vesgo (adj)	사시인	sa-si-in
catarata (f)	백내장	baeng-nae-jang
glaucoma (m)	녹내장	nong-nae-jang
AVC (m), apoplexia (f)	뇌졸증	noe-jol-jung
ataque (m) cardíaco	심장마비	sim-jang-ma-bi
enfarte (m) do miocárdio	심근경색증	sim-geun-gyeong-saek-jeung
paralisia (f)	마비	ma-bi
paralisar (vt)	마비되다	ma-bi-doe-da
alergia (f)	알레르기	al-le-reu-gi
asma (f)	천식	cheon-sik
diabetes (f)	당뇨병	dang-nyo-byeong
dor (f) de dente	치통, 이앓이	chi-tong, i-a-ri
cárie (f)	충치	chung-chi
diarreia (f)	설사	seol-sa
prisão (f) de ventre	변비증	byeon-bi-jeung
desarranjo (m) intestinal	배탈	bae-tal
intoxicação (f) alimentar	식중독	sik-jung-dok
intoxicar-se	식중독에 걸리다	sik-jung-do-ge geol-li-da
artrite (f)	관절염	gwan-jeo-ryeom
raquitismo (m)	구루병	gu-ru-byeong
reumatismo (m)	류머티즘	ryu-meo-ti-jeum
gastrite (f)	위염	wi-yeom
apendicite (f)	맹장염	maeng-jang-yeom
colecistite (f)	담낭염	dam-nang-yeom
úlcera (f)	궤양	gwe-yang
sarampo (m)	홍역	hong-yeok
rubéola (f)	풍진	pung-jin
icterícia (f)	황달	hwang-dal
hepatite (f)	간염	gan-nyeom
esquizofrenia (f)	정신 분열증	jeong-sin bu-nyeol-jeung
raiva (f)	광견병	gwang-gyeon-byeong
neurose (f)	신경증	sin-gyeong-jeung
contusão (f) cerebral	뇌진탕	noe-jin-tang
câncer (m)	암	am
esclerose (f)	경화증	gyeong-hwa-jeung
esclerose (f) múltipla	다발성 경화증	da-bal-seong gyeong-hwa-jeung

alcoolismo (m)	알코올 중독	al-ko-ol jung-dok
alcoólico (m)	알코올 중독자	al-ko-ol jung-dok-ja
sífilis (f)	매독	mae-dok
AIDS (f)	에이즈	e-i-jeu
tumor (m)	종양	jong-yang
maligno (adj)	악성의	ak-seong-ui
benigno (adj)	양성의	yang-seong-ui
febre (f)	열병	yeol-byeong
malária (f)	말라리아	mal-la-ri-a
gangrena (f)	괴저	goe-jeo
enjoo (m)	뱃멀미	baen-meol-mi
epilepsia (f)	간질	gan-jil
epidemia (f)	유행병	yu-haeng-byeong
tifo (m)	발진티푸스	bal-jin-ti-pu-seu
tuberculose (f)	결핵	gyeol-haek
cólera (f)	콜레라	kol-le-ra
peste (f) bubônica	페스트	pe-seu-teu

64. Sintomas. Tratamentos. Parte 1

sintoma (m)	증상	jeung-sang
temperatura (f)	체온	che-on
febre (f)	열	yeol
pulso (m)	맥박	maek-bak
vertigem (f)	현기증	hyeon-gi-jeung
quente (testa, etc.)	뜨거운	tteu-geo-un
calafrio (m)	전율	jeo-nyul
pálido (adj)	창백한	chang-baek-an
tosse (f)	기침	gi-chim
tossir (vi)	기침을 하다	gi-chi-meul ha-da
espirrar (vi)	재채기하다	jae-chae-gi-ha-da
desmaio (m)	실신	sil-sin
desmaiar (vi)	실신하다	sil-sin-ha-da
mancha (f) preta	멍	meong
galo (m)	혹	hok
machucar-se (vr)	부딪치다	bu-dit-chi-da
contusão (f)	타박상	ta-bak-sang
machucar-se (vr)	타박상을 입다	ta-bak-sang-eul rip-da
mancar (vi)	절다	jeol-da
deslocamento (f)	탈구	tal-gu
deslocar (vt)	탈구하다	tal-gu-ha-da
fratura (f)	골절	gol-jeol
fraturar (vt)	골절하다	gol-jeol-ha-da
corte (m)	베인	be-in
cortar-se (vr)	베다	jeol-chang-eul rip-da
hemorragia (f)	출혈	chul-hyeol

| queimadura (f) | 화상 | hwa-sang |
| queimar-se (vr) | 데다 | de-da |

picar (vt)	찌르다	jji-reu-da
picar-se (vr)	찔리다	jjil-li-da
lesionar (vt)	다치다	da-chi-da
lesão (m)	부상	bu-sang
ferida (f), ferimento (m)	부상	bu-sang
trauma (m)	정신적 외상	jeong-sin-jeok goe-sang

delirar (vi)	망상을 겪다	mang-sang-eul gyeok-da
gaguejar (vi)	말을 더듬다	ma-reul deo-deum-da
insolação (f)	일사병	il-sa-byeong

65. Sintomas. Tratamentos. Parte 2

| dor (f) | 통증 | tong-jeung |
| farpa (no dedo, etc.) | 가시 | ga-si |

suor (m)	땀	ttam
suar (vi)	땀이 나다	ttam-i na-da
vômito (m)	구토	gu-to
convulsões (f pl)	경련	gyeong-nyeon

grávida (adj)	임신한	im-sin-han
nascer (vi)	태어나다	tae-eo-na-da
parto (m)	출산	chul-san
dar à luz	낳다	na-ta
aborto (m)	낙태	nak-tae

respiração (f)	호흡	ho-heup
inspiração (f)	들숨	deul-sum
expiração (f)	날숨	nal-sum
expirar (vi)	내쉬다	nae-swi-da
inspirar (vi)	들이쉬다	deu-ri-swi-da

inválido (m)	장애인	jang-ae-in
aleijado (m)	병신	byeong-sin
drogado (m)	마약 중독자	ma-yak jung-dok-ja

surdo (adj)	귀가 먼	gwi-ga meon
mudo (adj)	벙어리인	beong-eo-ri-in
surdo-mudo (adj)	농아인	nong-a-in

louco, insano (adj)	미친	mi-chin
louco (m)	광인	gwang-in
louca (f)	광인	gwang-in
ficar louco	미치다	mi-chi-da

gene (m)	유전자	yu-jeon-ja
imunidade (f)	면역성	myeo-nyeok-seong
hereditário (adj)	유전의	yu-jeon-ui
congênito (adj)	선천적인	seon-cheon-jeo-gin
vírus (m)	바이러스	ba-i-reo-seu

micróbio (m)	미생물	mi-saeng-mul
bactéria (f)	세균	se-gyun
infecção (f)	감염	gam-nyeom

66. Sintomas. Tratamentos. Parte 3

hospital (m)	병원	byeong-won
paciente (m)	환자	hwan-ja
diagnóstico (m)	진단	jin-dan
cura (f)	치료	chi-ryo
curar-se (vr)	치료를 받다	chi-ryo-reul bat-da
tratar (vt)	치료하다	chi-ryo-ha-da
cuidar (pessoa)	간호하다	gan-ho-ha-da
cuidado (m)	간호	gan-ho
operação (f)	수술	su-sul
enfaixar (vt)	붕대를 감다	bung-dae-reul gam-da
enfaixamento (m)	붕대	bung-dae
vacinação (f)	예방주사	ye-bang-ju-sa
vacinar (vt)	접종하다	jeop-jong-ha-da
injeção (f)	주사	ju-sa
dar uma injeção	주사하다	ju-sa-ha-da
amputação (f)	절단	jeol-dan
amputar (vt)	절단하다	jeol-dan-ha-da
coma (f)	혼수 상태	hon-su sang-tae
estar em coma	혼수 상태에 있다	hon-su sang-tae-e it-da
reanimação (f)	집중 치료	jip-jung chi-ryo
recuperar-se (vr)	회복하다	hoe-bok-a-da
estado (~ de saúde)	상태	sang-tae
consciência (perder a ~)	의식	ui-sik
memória (f)	기억	gi-eok
tirar (vt)	빼다	ppae-da
obturação (f)	충전물	chung-jeon-mul
obturar (vt)	때우다	ttae-u-da
hipnose (f)	최면	choe-myeon
hipnotizar (vt)	최면을 걸다	choe-myeo-neul geol-da

67. Medicina. Drogas. Acessórios

medicamento (m)	약	yak
remédio (m)	약제	yak-je
receita (f)	처방	cheo-bang
comprimido (m)	정제	jeong-je
unguento (m)	연고	yeon-go
ampola (f)	앰플	aem-pul

solução, preparado (m)	혼합물	hon-ham-mul
xarope (m)	물약	mul-lyak
cápsula (f)	알약	a-ryak
pó (m)	가루약	ga-ru-yak
atadura (f)	거즈 붕대	geo-jeu bung-dae
algodão (m)	솜	som
iodo (m)	요오드	yo-o-deu
curativo (m) adesivo	반창고	ban-chang-go
conta-gotas (m)	점안기	jeom-an-gi
termômetro (m)	체온계	che-on-gye
seringa (f)	주사기	ju-sa-gi
cadeira (f) de rodas	휠체어	hwil-che-eo
muletas (f pl)	목발	mok-bal
analgésico (m)	진통제	jin-tong-je
laxante (m)	완하제	wan-ha-je
álcool (m)	알코올	al-ko-ol
ervas (f pl) medicinais	약초	yak-cho
de ervas (chá ~)	약초의	yak-cho-ui

APARTAMENTO

68. Apartamento

apartamento (m)	아파트	a-pa-teu
quarto, cômodo (m)	방	bang
quarto (m) de dormir	침실	chim-sil
sala (f) de jantar	식당	sik-dang
sala (f) de estar	거실	geo-sil
escritório (m)	서재	seo-jae
sala (f) de entrada	곁방	gyeot-bang
banheiro (m)	욕실	yok-sil
lavabo (m)	화장실	hwa-jang-sil
teto (m)	천장	cheon-jang
chão, piso (m)	마루	ma-ru
canto (m)	구석	gu-seok

69. Mobiliário. Interior

mobiliário (m)	가구	ga-gu
mesa (f)	식탁, 테이블	sik-tak, te-i-beul
cadeira (f)	의자	ui-ja
cama (f)	침대	chim-dae
sofá, divã (m)	소파	so-pa
poltrona (f)	안락 의자	al-lak gui-ja
estante (f)	책장	chaek-jang
prateleira (f)	책꽂이	chaek-kko-ji
guarda-roupas (m)	옷장	ot-jang
cabide (m) de parede	옷걸이	ot-geo-ri
cabideiro (m) de pé	스탠드옷걸이	seu-taen-deu-ot-geo-ri
cômoda (f)	서랍장	seo-rap-jang
mesinha (f) de centro	커피 테이블	keo-pi te-i-beul
espelho (m)	거울	geo-ul
tapete (m)	양탄자	yang-tan-ja
tapete (m) pequeno	러그	reo-geu
lareira (f)	벽난로	byeong-nan-no
vela (f)	초	cho
castiçal (m)	촛대	chot-dae
cortinas (f pl)	커튼	keo-teun
papel (m) de parede	벽지	byeok-ji

persianas (f pl)	블라인드	beul-la-in-deu
luminária (f) de mesa	테이블 램프	deung
luminária (f) de parede	벽등	byeok-deung
abajur (m) de pé	플로어 스탠드	peul-lo-eo seu-taen-deu
lustre (m)	샹들리에	syang-deul-li-e
pé (de mesa, etc.)	다리	da-ri
braço, descanso (m)	팔걸이	pal-geo-ri
costas (f pl)	등받이	deung-ba-ji
gaveta (f)	서랍	seo-rap

70. Quarto de dormir

roupa (f) de cama	침구	chim-gu
travesseiro (m)	베개	be-gae
fronha (f)	베갯잇	be-gaen-nit
cobertor (m)	이불	i-bul
lençol (m)	시트	si-teu
colcha (f)	침대보	chim-dae-bo

71. Cozinha

cozinha (f)	부엌	bu-eok
gás (m)	가스	ga-seu
fogão (m) a gás	가스 레인지	ga-seu re-in-ji
fogão (m) elétrico	전기 레인지	jeon-gi re-in-ji
forno (m)	오븐	o-beun
forno (m) de micro-ondas	전자 레인지	jeon-ja re-in-ji
geladeira (f)	냉장고	naeng-jang-go
congelador (m)	냉동고	naeng-dong-go
máquina (f) de lavar louça	식기 세척기	sik-gi se-cheok-gi
moedor (m) de carne	고기 분쇄기	go-gi bun-swae-gi
espremedor (m)	과즙기	gwa-jeup-gi
torradeira (f)	토스터	to-seu-teo
batedeira (f)	믹서기	mik-seo-gi
máquina (f) de café	커피 메이커	keo-pi me-i-keo
cafeteira (f)	커피 주전자	keo-pi ju-jeon-ja
moedor (m) de café	커피 그라인더	keo-pi geu-ra-in-deo
chaleira (f)	주전자	ju-jeon-ja
bule (m)	티팟	ti-pat
tampa (f)	뚜껑	ttu-kkeong
coador (m) de chá	차거름망	cha-geo-reum-mang
colher (f)	숟가락	sut-ga-rak
colher (f) de chá	티스푼	ti-seu-pun
colher (f) de sopa	숟가락	sut-ga-rak
garfo (m)	포크	po-keu
faca (f)	칼	kal

louça (f)	식기	sik-gi
prato (m)	접시	jeop-si
pires (m)	받침 접시	bat-chim jeop-si
cálice (m)	소주잔	so-ju-jan
copo (m)	유리잔	yu-ri-jan
xícara (f)	컵	keop
açucareiro (m)	설탕그릇	seol-tang-geu-reut
saleiro (m)	소금통	so-geum-tong
pimenteiro (m)	후추통	hu-chu-tong
manteigueira (f)	버터 접시	beo-teo jeop-si
panela (f)	냄비	naem-bi
frigideira (f)	프라이팬	peu-ra-i-paen
concha (f)	국자	guk-ja
coador (m)	체	che
bandeja (f)	쟁반	jaeng-ban
garrafa (f)	병	byeong
pote (m) de vidro	유리병	yu-ri-byeong
lata (~ de cerveja)	캔, 깡통	kaen, kkang-tong
abridor (m) de garrafa	병따개	byeong-tta-gae
abridor (m) de latas	깡통 따개	kkang-tong tta-gae
saca-rolhas (m)	코르크 마개 뽑이	ko-reu-keu ma-gae ppo-bi
filtro (m)	필터	pil-teo
filtrar (vt)	여과하다	yeo-gwa-ha-da
lixo (m)	쓰레기	sseu-re-gi
lixeira (f)	쓰레기통	sseu-re-gi-tong

72. Casa de banho

banheiro (m)	욕실	yok-sil
água (f)	물	mul
torneira (f)	수도꼭지	su-do-kkok-ji
água (f) quente	온수	on-su
água (f) fria	냉수	naeng-su
pasta (f) de dente	치약	chi-yak
escovar os dentes	이를 닦다	i-reul dak-da
barbear-se (vr)	깎다	kkak-da
espuma (f) de barbear	면도 크림	myeon-do keu-rim
gilete (f)	면도기	myeon-do-gi
lavar (vt)	씻다	ssit-da
tomar banho	목욕하다	mo-gyok-a-da
chuveiro (m), ducha (f)	샤워	sya-wo
tomar uma ducha	샤워하다	sya-wo-ha-da
banheira (f)	욕조	yok-jo
vaso (m) sanitário	변기	byeon-gi

pia (f)	세면대	se-myeon-dae
sabonete (m)	비누	bi-nu
saboneteira (f)	비누 그릇	bi-nu geu-reut
esponja (f)	스펀지	seu-peon-ji
xampu (m)	샴푸	syam-pu
toalha (f)	수건	su-geon
roupão (m) de banho	목욕가운	mo-gyok-ga-un
lavagem (f)	빨래	ppal-lae
lavadora (f) de roupas	세탁기	se-tak-gi
lavar a roupa	빨래하다	ppal-lae-ha-da
detergente (m)	가루세제	ga-ru-se-je

73. Eletrodomésticos

televisor (m)	텔레비전	tel-le-bi-jeon
gravador (m)	카세트 플레이어	ka-se-teu peul-le-i-eo
videogravador (m)	비디오테이프 녹화기	bi-di-o-te-i-peu nok-wa-gi
rádio (m)	라디오	ra-di-o
leitor (m)	플레이어	peul-le-i-eo
projetor (m)	프로젝터	peu-ro-jek-teo
cinema (m) em casa	홈씨어터	hom-ssi-eo-teo
DVD Player (m)	디비디 플레이어	di-bi-di peul-le-i-eo
amplificador (m)	앰프	aem-peu
console (f) de jogos	게임기	ge-im-gi
câmera (f) de vídeo	캠코더	kaem-ko-deo
máquina (f) fotográfica	카메라	ka-me-ra
câmera (f) digital	디지털 카메라	di-ji-teol ka-me-ra
aspirador (m)	진공 청소기	jin-gong cheong-so-gi
ferro (m) de passar	다리미	da-ri-mi
tábua (f) de passar	다림질 판	da-rim-jil pan
telefone (m)	전화	jeon-hwa
celular (m)	휴대폰	hyu-dae-pon
máquina (f) de escrever	타자기	ta-ja-gi
máquina (f) de costura	재봉틀	jae-bong-teul
microfone (m)	마이크	ma-i-keu
fone (m) de ouvido	헤드폰	he-deu-pon
controle remoto (m)	원격 조종	won-gyeok jo-jong
CD (m)	씨디	ssi-di
fita (f) cassete	테이프	te-i-peu
disco (m) de vinil	레코드 판	re-ko-deu pan

A TERRA. TEMPO

74. Espaço sideral

espaço, cosmo (m)	우주	u-ju
espacial, cósmico (adj)	우주의	u-ju-ui
espaço (m) cósmico	우주 공간	u-ju gong-gan
mundo (m)	세계	se-gye
universo (m)	우주	u-ju
galáxia (f)	은하	eun-ha
estrela (f)	별, 항성	byeol, hang-seong
constelação (f)	별자리	byeol-ja-ri
planeta (m)	행성	haeng-seong
satélite (m)	인공위성	in-gong-wi-seong
meteorito (m)	운석	un-seok
cometa (m)	혜성	hye-seong
asteroide (m)	소행성	so-haeng-seong
órbita (f)	궤도	gwe-do
girar (vi)	회전한다	hoe-jeon-han-da
atmosfera (f)	대기	dae-gi
Sol (m)	태양	tae-yang
Sistema (m) Solar	태양계	tae-yang-gye
eclipse (m) solar	일식	il-sik
Terra (f)	지구	ji-gu
Lua (f)	달	dal
Marte (m)	화성	hwa-seong
Vênus (f)	금성	geum-seong
Júpiter (m)	목성	mok-seong
Saturno (m)	토성	to-seong
Mercúrio (m)	수성	su-seong
Urano (m)	천왕성	cheon-wang-seong
Netuno (m)	해왕성	hae-wang-seong
Plutão (m)	명왕성	myeong-wang-seong
Via Láctea (f)	은하수	eun-ha-su
Ursa Maior (f)	큰곰자리	keun-gom-ja-ri
Estrela Polar (f)	북극성	buk-geuk-seong
marciano (m)	화성인	hwa-seong-in
extraterrestre (m)	외계인	oe-gye-in
alienígena (m)	외계인	oe-gye-in
disco (m) voador	비행 접시	bi-haeng jeop-si
espaçonave (f)	우주선	u-ju-seon

estação (f) orbital	우주 정거장	u-ju jeong-nyu-jang
motor (m)	엔진	en-jin
bocal (m)	노즐	no-jeul
combustível (m)	연료	yeol-lyo
cabine (f)	조종석	jo-jong-seok
antena (f)	안테나	an-te-na
vigia (f)	현창	hyeon-chang
bateria (f) solar	태양 전지	tae-yang jeon-ji
traje (m) espacial	우주복	u-ju-bok
imponderabilidade (f)	무중력	mu-jung-nyeok
oxigênio (m)	산소	san-so
acoplagem (f)	도킹	do-king
fazer uma acoplagem	도킹하다	do-king-ha-da
observatório (m)	천문대	cheon-mun-dae
telescópio (m)	망원경	mang-won-gyeong
observar (vt)	관찰하다	gwan-chal-ha-da
explorar (vt)	탐험하다	tam-heom-ha-da

75. A Terra

Terra (f)	지구	ji-gu
globo terrestre (Terra)	지구	ji-gu
planeta (m)	행성	haeng-seong
atmosfera (f)	대기	dae-gi
geografia (f)	지리학	ji-ri-hak
natureza (f)	자연	ja-yeon
globo (mapa esférico)	지구의	ji-gu-ui
mapa (m)	지도	ji-do
atlas (m)	지도첩	ji-do-cheop
Europa (f)	유럽	yu-reop
Ásia (f)	아시아	a-si-a
África (f)	아프리카	a-peu-ri-ka
Austrália (f)	호주	ho-ju
América (f)	아메리카 대륙	a-me-ri-ka dae-ryuk
América (f) do Norte	북아메리카	bu-ga-me-ri-ka
América (f) do Sul	남아메리카	nam-a-me-ri-ka
Antártida (f)	남극 대륙	nam-geuk dae-ryuk
Ártico (m)	극지방	geuk-ji-bang

76. Pontos cardeais

norte (m)	북쪽	buk-jjok
para norte	북쪽으로	buk-jjo-geu-ro

no norte	북쪽에	buk-jjo-ge
do norte (adj)	북쪽의	buk-jjo-gui
sul (m)	남쪽	nam-jjok
para sul	남쪽으로	nam-jjo-geu-ro
no sul	남쪽에	nam-jjo-ge
do sul (adj)	남쪽의	nam-jjo-gui
oeste, ocidente (m)	서쪽	seo-jjok
para oeste	서쪽으로	seo-jjo-geu-ro
no oeste	서쪽에	seo-jjo-ge
ocidental (adj)	서쪽의	seo-jjo-gui
leste, oriente (m)	동쪽	dong-jjok
para leste	동쪽으로	dong-jjo-geu-ro
no leste	동쪽에	dong-jjo-ge
oriental (adj)	동쪽의	dong-jjo-gui

77. Mar. Oceano

mar (m)	바다	ba-da
oceano (m)	대양	dae-yang
golfo (m)	만	man
estreito (m)	해협	hae-hyeop
continente (m)	대륙	dae-ryuk
ilha (f)	섬	seom
península (f)	반도	ban-do
arquipélago (m)	군도	gun-do
baía (f)	만	man
porto (m)	항구	hang-gu
lagoa (f)	석호	seok-o
cabo (m)	곶	got
atol (m)	환초	hwan-cho
recife (m)	암초	am-cho
coral (m)	산호	san-ho
recife (m) de coral	산호초	san-ho-cho
profundo (adj)	깊은	gi-peun
profundidade (f)	깊이	gi-pi
fossa (f) oceânica	해구	hae-gu
corrente (f)	해류	hae-ryu
banhar (vt)	둘러싸다	dul-leo-ssa-da
litoral (m)	해변	hae-byeon
costa (f)	바닷가	ba-dat-ga
maré (f) alta	밀물	mil-mul
refluxo (m)	썰물	sseol-mul
restinga (f)	모래톱	mo-rae-top
fundo (m)	해저	hae-jeo

onda (f)	파도	pa-do
crista (f) da onda	몰마루	mul-ma-ru
espuma (f)	거품	geo-pum
furacão (m)	허리케인	heo-ri-ke-in
tsunami (m)	해일	hae-il
calmaria (f)	고요함	go-yo-ham
calmo (adj)	고요한	go-yo-han
polo (m)	극	geuk
polar (adj)	극지의	geuk-ji-ui
latitude (f)	위도	wi-do
longitude (f)	경도	gyeong-do
paralela (f)	위도선	wi-do-seon
equador (m)	적도	jeok-do
céu (m)	하늘	ha-neul
horizonte (m)	수평선	su-pyeong-seon
ar (m)	공기	gong-gi
farol (m)	등대	deung-dae
mergulhar (vi)	뛰어들다	ttwi-eo-deul-da
afundar-se (vr)	가라앉다	ga-ra-an-da
tesouros (m pl)	보물	bo-mul

78. Nomes de Mares e Oceanos

Oceano (m) Atlântico	대서양	dae-seo-yang
Oceano (m) Índico	인도양	in-do-yang
Oceano (m) Pacífico	태평양	tae-pyeong-yang
Oceano (m) Ártico	북극해	buk-geuk-ae
Mar (m) Negro	흑해	heuk-ae
Mar (m) Vermelho	홍해	hong-hae
Mar (m) Amarelo	황해	hwang-hae
Mar (m) Branco	백해	baek-ae
Mar (m) Cáspio	카스피 해	ka-seu-pi hae
Mar (m) Morto	사해	sa-hae
Mar (m) Mediterrâneo	지중해	ji-jung-hae
Mar (m) Egeu	에게 해	e-ge hae
Mar (m) Adriático	아드리아 해	a-deu-ri-a hae
Mar (m) Arábico	아라비아 해	a-ra-bi-a hae
Mar (m) do Japão	동해	dong-hae
Mar (m) de Bering	베링 해	be-ring hae
Mar (m) da China Meridional	남중국해	nam-jung-guk-ae
Mar (m) de Coral	산호해	san-ho-hae
Mar (m) de Tasman	태즈먼 해	tae-jeu-meon hae
Mar (m) do Caribe	카리브 해	ka-ri-beu hae
Mar (m) de Barents	바렌츠 해	ba-ren-cheu hae

Mar (m) de Kara	카라 해	ka-ra hae
Mar (m) do Norte	북해	buk-ae
Mar (m) Báltico	발트 해	bal-teu hae
Mar (m) da Noruega	노르웨이 해	no-reu-we-i hae

79. Montanhas

montanha (f)	산	san
cordilheira (f)	산맥	san-maek
serra (f)	능선	neung-seon

cume (m)	정상	jeong-sang
pico (m)	봉우리	bong-u-ri
pé (m)	기슭	gi-seuk
declive (m)	경사면	gyeong-sa-myeon

vulcão (m)	화산	hwa-san
vulcão (m) ativo	활화산	hwal-hwa-san
vulcão (m) extinto	사화산	sa-hwa-san

erupção (f)	폭발	pok-bal
cratera (f)	분화구	bun-hwa-gu
magma (m)	마그마	ma-geu-ma
lava (f)	용암	yong-am
fundido (lava ~a)	녹은	no-geun

cânion, desfiladeiro (m)	협곡	hyeop-gok
garganta (f)	협곡	hyeop-gok
fenda (f)	갈라진	gal-la-jin
passo, colo (m)	산길	san-gil
planalto (m)	고원	go-won
falésia (f)	절벽	jeol-byeok
colina (f)	언덕, 작은 산	eon-deok, ja-geun san

geleira (f)	빙하	bing-ha
cachoeira (f)	폭포	pok-po
gêiser (m)	간헐천	gan-heol-cheon
lago (m)	호수	ho-su

planície (f)	평원	pyeong-won
paisagem (f)	경관	gyeong-gwan
eco (m)	메아리	me-a-ri

alpinista (m)	등산가	deung-san-ga
escalador (m)	암벽 등반가	am-byeok deung-ban-ga
conquistar (vt)	정복하다	jeong-bok-a-da
subida, escalada (f)	등반	deung-ban

80. Nomes de montanhas

| Alpes (m pl) | 알프스 산맥 | al-peu-seu san-maek |
| Monte Branco (m) | 몽블랑 산 | mong-beul-lang san |

Pirineus (m pl)	피레네 산맥	pi-re-ne san-maek
Cárpatos (m pl)	카르파티아 산맥	ka-reu-pa-ti-a san-maek
Urais (m pl)	우랄 산맥	u-ral san-maek
Cáucaso (m)	코카서스 산맥	ko-ka-seo-seu san-maek
Elbrus (m)	엘브루스 산	el-beu-ru-seu san
Altai (m)	알타이 산맥	al-ta-i san-maek
Tian Shan (m)	텐샨 산맥	ten-syan san-maek
Pamir (m)	파미르 고원	pa-mi-reu go-won
Himalaia (m)	히말라야 산맥	hi-mal-la-ya san-maek
monte Everest (m)	에베레스트 산	e-be-re-seu-teu san
Cordilheira (f) dos Andes	안데스 산맥	an-de-seu san-maek
Kilimanjaro (m)	킬리만자로 산	kil-li-man-ja-ro san

81. Rios

rio (m)	강	gang
fonte, nascente (f)	샘	saem
leito (m) de rio	강바닥	gang-ba-dak
bacia (f)	유역	yu-yeok
desaguar no ...	··· 로 흘러가다	... ro heul-leo-ga-da
afluente (m)	지류	ji-ryu
margem (do rio)	둑	duk
corrente (f)	흐름	heu-reum
rio abaixo	하류로	gang ha-ryu-ro
rio acima	상류로	sang-nyu-ro
inundação (f)	홍수	hong-su
cheia (f)	홍수	hong-su
transbordar (vi)	범람하다	beom-nam-ha-da
inundar (vt)	범람하다	beom-nam-ha-da
banco (m) de areia	얕은 곳	ya-teun got
corredeira (f)	여울	yeo-ul
barragem (f)	댐	daem
canal (m)	운하	un-ha
reservatório (m) de água	저수지	jeo-su-ji
eclusa (f)	수문	su-mun
corpo (m) de água	저장 수량	jeo-jang su-ryang
pântano (m)	늪, 소택지	neup, so-taek-ji
lamaçal (m)	수렁	su-reong
redemoinho (m)	소용돌이	so-yong-do-ri
riacho (m)	개울, 시내	gae-ul, si-nae
potável (adj)	마실 수 있는	ma-sil su in-neun
doce (água)	민물의	min-mu-rui
gelo (m)	얼음	eo-reum
congelar-se (vr)	얼다	eol-da

82. Nomes de rios

rio Sena (m)	센 강	sen gang
rio Loire (m)	루아르 강	ru-a-reu gang
rio Tâmisa (m)	템스 강	tem-seu gang
rio Reno (m)	라인 강	ra-in gang
rio Danúbio (m)	도나우 강	do-na-u gang
rio Volga (m)	볼가 강	bol-ga gang
rio Don (m)	돈 강	don gang
rio Lena (m)	레나 강	re-na gang
rio Amarelo (m)	황허강	hwang-heo-gang
rio Yangtzé (m)	양자강	yang-ja-gang
rio Mekong (m)	메콩 강	me-kong gang
rio Ganges (m)	갠지스 강	gaen-ji-seu gang
rio Nilo (m)	나일 강	na-il gang
rio Congo (m)	콩고 강	kong-go gang
rio Cubango (m)	오카방고 강	o-ka-bang-go gang
rio Zambeze (m)	잠베지 강	jam-be-ji gang
rio Limpopo (m)	림포포 강	rim-po-po gang

83. Floresta

floresta (f), bosque (m)	숲	sup
florestal (adj)	산림의	sal-li-mui
mata (f) fechada	밀림	mil-lim
arvoredo (m)	작은 숲	ja-geun sup
clareira (f)	빈터	bin-teo
matagal (m)	덤불	deom-bul
mato (m), caatinga (f)	관목지	gwan-mok-ji
pequena trilha (f)	오솔길	o-sol-gil
ravina (f)	도랑	do-rang
árvore (f)	나무	na-mu
folha (f)	잎	ip
folhagem (f)	나뭇잎	na-mun-nip
queda (f) das folhas	낙엽	na-gyeop
cair (vi)	떨어지다	tteo-reo-ji-da
ramo (m)	가지	ga-ji
galho (m)	큰 가지	keun ga-ji
botão (m)	잎눈	im-nun
agulha (f)	바늘	ba-neul
pinha (f)	솔방울	sol-bang-ul
buraco (m) de árvore	구멍	gu-meong
ninho (m)	둥지	dung-ji

toca (f)	굴	gul
tronco (m)	몸통	mom-tong
raiz (f)	뿌리	ppu-ri
casca (f) de árvore	껍질	kkeop-jil
musgo (m)	이끼	i-kki

arrancar pela raiz	수목을 통째 뽑다	su-mo-geul tong-jjae ppop-da
cortar (vt)	자르다	ja-reu-da
desflorestar (vt)	삼림을 없애다	sam-ni-meul reop-sae-da
toco, cepo (m)	그루터기	geu-ru-teo-gi

fogueira (f)	모닥불	mo-dak-bul
incêndio (m) florestal	산불	san-bul
apagar (vt)	끄다	kkeu-da

guarda-parque (m)	산림경비원	sal-lim-gyeong-bi-won
proteção (f)	보호	bo-ho
proteger (a natureza)	보호하다	bo-ho-ha-da
caçador (m) furtivo	밀렵자	mil-lyeop-ja
armadilha (f)	덫	deot

colher (cogumelos, bagas)	따다	tta-da
perder-se (vr)	길을 잃다	gi-reul ril-ta

84. Recursos naturais

recursos (m pl) naturais	천연 자원	cheo-nyeon ja-won
depósitos (m pl)	매장량	mae-jang-nyang
jazida (f)	지역	ji-yeok

extrair (vt)	채광하다	chae-gwang-ha-da
extração (f)	막장일	mak-jang-il
minério (m)	광석	gwang-seok
mina (f)	광산	gwang-san
poço (m) de mina	갱도	gaeng-do
mineiro (m)	광부	gwang-bu

gás (m)	가스	ga-seu
gasoduto (m)	가스관	ga-seu-gwan

petróleo (m)	석유	seo-gyu
oleoduto (m)	석유 파이프라인	seo-gyu pa-i-peu-ra-in
poço (m) de petróleo	유정	yu-jeong
torre (f) petrolífera	유정탑	yu-jeong-tap
petroleiro (m)	유조선	yu-jo-seon

areia (f)	모래	mo-rae
calcário (m)	석회석	seok-oe-seok
cascalho (m)	자갈	ja-gal
turfa (f)	토탄	to-tan
argila (f)	점토	jeom-to
carvão (m)	석탄	seok-tan
ferro (m)	철	cheol
ouro (m)	금	geum

prata (f)	은	eun
níquel (m)	니켈	ni-kel
cobre (m)	구리	gu-ri

zinco (m)	아연	a-yeon
manganês (m)	망간	mang-gan
mercúrio (m)	수은	su-eun
chumbo (m)	납	nap

mineral (m)	광물	gwang-mul
cristal (m)	수정	su-jeong
mármore (m)	대리석	dae-ri-seok
urânio (m)	우라늄	u-ra-nyum

85. Tempo

tempo (m)	날씨	nal-ssi
previsão (f) do tempo	일기 예보	il-gi ye-bo
temperatura (f)	온도	on-do
termômetro (m)	온도계	on-do-gye
barômetro (m)	기압계	gi-ap-gye

umidade (f)	습함, 습기	seu-pam, seup-gi
calor (m)	더위	deo-wi
tórrido (adj)	더운	deo-un
está muito calor	덥다	deop-da

| está calor | 따뜻하다 | tta-tteu-ta-da |
| quente (morno) | 따뜻한 | tta-tteu-tan |

| está frio | 춥다 | chup-da |
| frio (adj) | 추운 | chu-un |

sol (m)	해	hae
brilhar (vi)	빛나다	bin-na-da
de sol, ensolarado	화창한	hwa-chang-han
nascer (vi)	뜨다	tteu-da
pôr-se (vr)	지다	ji-da

nuvem (f)	구름	gu-reum
nublado (adj)	구름의	gu-reum-ui
escuro, cinzento (adj)	흐린	heu-rin

chuva (f)	비	bi
está a chover	비가 오다	bi-ga o-da
chuvoso (adj)	비가 오는	bi-ga o-neun
chuviscar (vi)	이슬비가 내리다	i-seul-bi-ga nae-ri-da

chuva (f) torrencial	억수	eok-su
aguaceiro (m)	호우	ho-u
forte (chuva, etc.)	심한	sim-han
poça (f)	웅덩이	ung-deong-i
molhar-se (vr)	젖다	jeot-da
nevoeiro (m)	안개	an-gae

de nevoeiro	안개가 자욱한	an-gae-ga ja-uk-an
neve (f)	눈	nun
está nevando	눈이 오다	nun-i o-da

86. Tempo extremo. Catástrofes naturais

trovoada (f)	뇌우	noe-u
relâmpago (m)	번개	beon-gae
relampejar (vi)	번쩍이다	beon-jjeo-gi-da
trovão (m)	천둥	cheon-dung
trovejar (vi)	천둥이 치다	cheon-dung-i chi-da
está trovejando	천둥이 치다	cheon-dung-i chi-da
granizo (m)	싸락눈	ssa-rang-nun
está caindo granizo	싸락눈이 내리다	ssa-rang-nun-i nae-ri-da
inundar (vt)	범람하다	beom-nam-ha-da
inundação (f)	홍수	hong-su
terremoto (m)	지진	ji-jin
abalo, tremor (m)	진동	jin-dong
epicentro (m)	진앙	jin-ang
erupção (f)	폭발	pok-bal
lava (f)	용암	yong-am
tornado (m)	회오리바람	hoe-o-ri-ba-ram
tornado (m)	토네이도	to-ne-i-do
tufão (m)	태풍	tae-pung
furacão (m)	허리케인	heo-ri-ke-in
tempestade (f)	폭풍우	pok-pung-u
tsunami (m)	해일	hae-il
incêndio (m)	불	bul
catástrofe (f)	재해	jae-hae
meteorito (m)	운석	un-seok
avalanche (f)	눈사태	nun-sa-tae
deslizamento (m) de neve	눈사태	nun-sa-tae
nevasca (f)	눈보라	nun-bo-ra
tempestade (f) de neve	눈보라	nun-bo-ra

FAUNA

87. Mamíferos. Predadores

predador (m)	육식 동물	yuk-sik dong-mul
tigre (m)	호랑이	ho-rang-i
leão (m)	사자	sa-ja
lobo (m)	이리	i-ri
raposa (f)	여우	yeo-u
jaguar (m)	재규어	jae-gyu-eo
leopardo (m)	표범	pyo-beom
chita (f)	치타	chi-ta
puma (m)	퓨마	pyu-ma
leopardo-das-neves (m)	눈표범	nun-pyo-beom
lince (m)	스라소니	seu-ra-so-ni
coiote (m)	코요테	ko-yo-te
chacal (m)	재칼	jae-kal
hiena (f)	하이에나	ha-i-e-na

88. Animais selvagens

animal (m)	동물	dong-mul
besta (f)	짐승	jim-seung
esquilo (m)	다람쥐	da-ram-jwi
ouriço (m)	고슴도치	go-seum-do-chi
lebre (f)	토끼	to-kki
coelho (m)	굴토끼	gul-to-kki
texugo (m)	오소리	o-so-ri
guaxinim (m)	너구리	neo-gu-ri
hamster (m)	햄스터	haem-seu-teo
marmota (f)	마멋	ma-meot
toupeira (f)	두더지	du-deo-ji
rato (m)	생쥐	saeng-jwi
ratazana (f)	시궁쥐	si-gung-jwi
morcego (m)	박쥐	bak-jwi
arminho (m)	북방족제비	buk-bang-jok-je-bi
zibelina (f)	검은담비	geo-meun-dam-bi
marta (f)	담비	dam-bi
visom (m)	밍크	ming-keu
castor (m)	비버	bi-beo
lontra (f)	수달	su-dal

cavalo (m)	말	mal
alce (m)	엘크, 무스	el-keu, mu-seu
veado (m)	사슴	sa-seum
camelo (m)	낙타	nak-ta
bisão (m)	미국들소	mi-guk-deul-so
auroque (m)	유럽들소	yu-reop-deul-so
búfalo (m)	물소	mul-so
zebra (f)	얼룩말	eol-lung-mal
antílope (m)	영양	yeong-yang
corça (f)	노루	no-ru
gamo (m)	다마사슴	da-ma-sa-seum
camurça (f)	샤모아	sya-mo-a
javali (m)	멧돼지	met-dwae-ji
baleia (f)	고래	go-rae
foca (f)	바다표범	ba-da-pyo-beom
morsa (f)	바다코끼리	ba-da-ko-kki-ri
urso-marinho (m)	물개	mul-gae
golfinho (m)	돌고래	dol-go-rae
urso (m)	곰	gom
urso (m) polar	북극곰	buk-geuk-gom
panda (m)	판다	pan-da
macaco (m)	원숭이	won-sung-i
chimpanzé (m)	침팬지	chim-paen-ji
orangotango (m)	오랑우탄	o-rang-u-tan
gorila (m)	고릴라	go-ril-la
macaco (m)	마카크	ma-ka-keu
gibão (m)	긴팔원숭이	gin-pa-rwon-sung-i
elefante (m)	코끼리	ko-kki-ri
rinoceronte (m)	코뿔소	ko-ppul-so
girafa (f)	기린	gi-rin
hipopótamo (m)	하마	ha-ma
canguru (m)	캥거루	kaeng-geo-ru
coala (m)	코알라	ko-al-la
mangusto (m)	몽구스	mong-gu-seu
chinchila (f)	친칠라	chin-chil-la
cangambá (f)	스컹크	seu-keong-keu
porco-espinho (m)	호저	ho-jeo

89. Animais domésticos

gata (f)	고양이	go-yang-i
gato (m) macho	수고양이	su-go-yang-i
cavalo (m)	말	mal
garanhão (m)	수말, 종마	su-mal, jong-ma
égua (f)	암말	am-mal

vaca (f)	암소	am-so
touro (m)	황소	hwang-so
boi (m)	수소	su-so
ovelha (f)	양, 암양	yang, a-myang
carneiro (m)	수양	su-yang
cabra (f)	염소	yeom-so
bode (m)	숫염소	sun-nyeom-so
burro (m)	당나귀	dang-na-gwi
mula (f)	노새	no-sae
porco (m)	돼지	dwae-ji
leitão (m)	돼지 새끼	dwae-ji sae-kki
coelho (m)	집토끼	jip-to-kki
galinha (f)	암탉	am-tak
galo (m)	수탉	su-tak
pata (f), pato (m)	집오리	ji-bo-ri
pato (m)	수오리	su-o-ri
ganso (m)	집거위	jip-geo-wi
peru (m)	수칠면조	su-chil-myeon-jo
perua (f)	칠면조	chil-myeon-jo
animais (m pl) domésticos	가축	ga-chuk
domesticado (adj)	길들여진	gil-deu-ryeo-jin
domesticar (vt)	길들이다	gil-deu-ri-da
criar (vt)	사육하다, 기르다	sa-yuk-a-da, gi-reu-da
fazenda (f)	농장	nong-jang
aves (f pl) domésticas	가금	ga-geum
gado (m)	가축	ga-chuk
rebanho (m), manada (f)	떼	tte
estábulo (m)	마구간	ma-gu-gan
chiqueiro (m)	돼지 우리	dwae-ji u-ri
estábulo (m)	외양간	oe-yang-gan
coelheira (f)	토끼장	to-kki-jang
galinheiro (m)	닭장	dak-jang

90. Pássaros

pássaro (m), ave (f)	새	sae
pombo (m)	비둘기	bi-dul-gi
pardal (m)	참새	cham-sae
chapim-real (m)	박새	bak-sae
pega-rabuda (f)	까치	kka-chi
corvo (m)	갈가마귀	gal-ga-ma-gwi
gralha-cinzenta (f)	까마귀	kka-ma-gwi
gralha-de-nuca-cinzenta (f)	갈가마귀	gal-ga-ma-gwi
gralha-calva (f)	떼까마귀	ttae-kka-ma-gwi

pato (m)	오리	o-ri
ganso (m)	거위	geo-wi
faisão (m)	꿩	kkwong
águia (f)	독수리	dok-su-ri
açor (m)	매	mae
falcão (m)	매	mae
abutre (m)	독수리, 콘도르	dok-su-ri, kon-do-reu
condor (m)	콘도르	kon-do-reu
cisne (m)	백조	baek-jo
grou (m)	두루미	du-ru-mi
cegonha (f)	황새	hwang-sae
papagaio (m)	앵무새	aeng-mu-sae
beija-flor (m)	벌새	beol-sae
pavão (m)	공작	gong-jak
avestruz (m)	타조	ta-jo
garça (f)	왜가리	wae-ga-ri
flamingo (m)	플라밍고	peul-la-ming-go
pelicano (m)	펠리컨	pel-li-keon
rouxinol (m)	나이팅게일	na-i-ting-ge-il
andorinha (f)	제비	je-bi
tordo-zornal (m)	지빠귀	ji-ppa-gwi
tordo-músico (m)	노래지빠귀	no-rae-ji-ppa-gwi
melro-preto (m)	대륙검은지빠귀	dae-ryuk-geo-meun-ji-ppa-gwi
andorinhão (m)	칼새	kal-sae
cotovia (f)	종다리	jong-da-ri
codorna (f)	메추라기	me-chu-ra-gi
pica-pau (m)	딱따구리	ttak-tta-gu-ri
cuco (m)	뻐꾸기	ppeo-kku-gi
coruja (f)	올빼미	ol-ppae-mi
bufo-real (m)	수리부엉이	su-ri-bu-eong-i
tetraz-grande (m)	큰뇌조	keun-noe-jo
tetraz-lira (m)	멧닭	met-dak
perdiz-cinzenta (f)	자고	ja-go
estorninho (m)	찌르레기	jji-reu-re-gi
canário (m)	카나리아	ka-na-ri-a
tentilhão (m)	되새	doe-sae
dom-fafe (m)	피리새	pi-ri-sae
gaivota (f)	갈매기	gal-mae-gi
albatroz (m)	신천옹	sin-cheon-ong
pinguim (m)	펭귄	peng-gwin

91. Peixes. Animais marinhos

brema (f)	도미류	do-mi-ryu
carpa (f)	잉어	ing-eo

perca (f)	농어의 일종	nong-eo-ui il-jong
siluro (m)	메기	me-gi
lúcio (m)	북부민물꼬치고기	buk-bu-min-mul-kko-chi-go-gi

| salmão (m) | 연어 | yeon-eo |
| esturjão (m) | 철갑상어 | cheol-gap-sang-eo |

arenque (m)	청어	cheong-eo
salmão (m) do Atlântico	대서양 연어	dae-seo-yang yeon-eo
cavala, sarda (f)	고등어	go-deung-eo
solha (f), linguado (m)	넙치	neop-chi

bacalhau (m)	대구	dae-gu
atum (m)	참치	cham-chi
truta (f)	송어	song-eo

enguia (f)	뱀장어	baem-jang-eo
raia (f) elétrica	시끈가오리	si-kkeun-ga-o-ri
moreia (f)	곰치	gom-chi
piranha (f)	피라니아	pi-ra-ni-a

tubarão (m)	상어	sang-eo
golfinho (m)	돌고래	dol-go-rae
baleia (f)	고래	go-rae

caranguejo (m)	게	ge
água-viva (f)	해파리	hae-pa-ri
polvo (m)	낙지	nak-ji

estrela-do-mar (f)	불가사리	bul-ga-sa-ri
ouriço-do-mar (m)	성게	seong-ge
cavalo-marinho (m)	해마	hae-ma

ostra (f)	굴	gul
camarão (m)	새우	sae-u
lagosta (f)	바닷가재	ba-dat-ga-jae
lagosta (f)	대하	dae-ha

92. Anfíbios. Répteis

| cobra (f) | 뱀 | baem |
| venenoso (adj) | 독이 있는 | do-gi in-neun |

víbora (f)	살무사	sal-mu-sa
naja (f)	코브라	ko-beu-ra
píton (m)	비단뱀	bi-dan-baem
jiboia (f)	보아	bo-a

cobra-de-água (f)	풀뱀	pul-baem
cascavel (f)	방울뱀	bang-ul-baem
anaconda (f)	아나콘다	a-na-kon-da

| lagarto (m) | 도마뱀 | do-ma-baem |
| iguana (f) | 이구아나 | i-gu-a-na |

salamandra (f)	도롱뇽	do-rong-nyong
camaleão (m)	카멜레온	ka-mel-le-on
escorpião (m)	전갈	jeon-gal

tartaruga (f)	거북	geo-buk
rã (f)	개구리	gae-gu-ri
sapo (m)	두꺼비	du-kkeo-bi
crocodilo (m)	악어	a-geo

93. Insetos

inseto (m)	곤충	gon-chung
borboleta (f)	나비	na-bi
formiga (f)	개미	gae-mi
mosca (f)	파리	pa-ri
mosquito (m)	모기	mo-gi
escaravelho (m)	딱정벌레	ttak-jeong-beol-le

vespa (f)	말벌	mal-beol
abelha (f)	꿀벌	kkul-beol
mamangaba (f)	호박벌	ho-bak-beol
moscardo (m)	쇠파리	soe-pa-ri

| aranha (f) | 거미 | geo-mi |
| teia (f) de aranha | 거미줄 | geo-mi-jul |

libélula (f)	잠자리	jam-ja-ri
gafanhoto (m)	메뚜기	me-ttu-gi
traça (f)	나방	na-bang

barata (f)	바퀴벌레	ba-kwi-beol-le
carrapato (m)	진드기	jin-deu-gi
pulga (f)	벼룩	byeo-ruk
borrachudo (m)	깔따구	kkal-tta-gu

gafanhoto (m)	메뚜기	me-ttu-gi
caracol (m)	달팽이	dal-paeng-i
grilo (m)	귀뚜라미	gwi-ttu-ra-mi
pirilampo, vaga-lume (m)	개똥벌레	gae-ttong-beol-le
joaninha (f)	무당벌레	mu-dang-beol-le
besouro (m)	왕풍뎅이	wang-pung-deng-i

sanguessuga (f)	거머리	geo-meo-ri
lagarta (f)	애벌레	ae-beol-le
minhoca (f)	지렁이	ji-reong-i
larva (f)	애벌레	ae-beol-le

FLORA

94. Árvores

árvore (f)	나무	na-mu
decídua (adj)	낙엽수의	na-gyeop-su-ui
conífera (adj)	침엽수의	chi-myeop-su-ui
perene (adj)	상록의	sang-no-gui

macieira (f)	사과나무	sa-gwa-na-mu
pereira (f)	배나무	bae-na-mu
cerejeira, ginjeira (f)	벚나무	beon-na-mu
ameixeira (f)	자두나무	ja-du-na-mu

bétula (f)	자작나무	ja-jang-na-mu
carvalho (m)	오크	o-keu
tília (f)	보리수	bo-ri-su
choupo-tremedor (m)	사시나무	sa-si-na-mu
bordo (m)	단풍나무	dan-pung-na-mu

espruce (m)	가문비나무	ga-mun-bi-na-mu
pinheiro (m)	소나무	so-na-mu
alerce, lariço (m)	낙엽송	na-gyeop-song
abeto (m)	전나무	jeon-na-mu
cedro (m)	시다	si-da
choupo, álamo (m)	포플러	po-peul-leo
tramazeira (f)	마가목	ma-ga-mok
salgueiro (m)	버드나무	beo-deu-na-mu
amieiro (m)	오리나무	o-ri-na-mu

faia (f)	너도밤나무	neo-do-bam-na-mu
ulmeiro, olmo (m)	느릅나무	neu-reum-na-mu
freixo (m)	물푸레나무	mul-pu-re-na-mu
castanheiro (m)	밤나무	bam-na-mu

magnólia (f)	목련	mong-nyeon
palmeira (f)	야자나무	ya-ja-na-mu
cipreste (m)	사이프러스	sa-i-peu-reo-seu

mangue (m)	맹그로브	maeng-geu-ro-beu
embondeiro, baobá (m)	바오밥나무	ba-o-bam-na-mu
eucalipto (m)	유칼립투스	yu-kal-lip-tu-seu
sequoia (f)	세쿼이아	se-kwo-i-a

95. Arbustos

| arbusto (m) | 덤불 | deom-bul |
| arbusto (m), moita (f) | 관목 | gwan-mok |

videira (f)	포도 덩굴	po-do deong-gul
vinhedo (m)	포도밭	po-do-bat
framboeseira (f)	라즈베리	ra-jeu-be-ri
groselheira-vermelha (f)	레드커런트 나무	re-deu-keo-reon-teu na-mu
groselheira (f) espinhosa	구스베리 나무	gu-seu-be-ri na-mu
acácia (f)	아카시아	a-ka-si-a
bérberis (f)	매자나무	mae-ja-na-mu
jasmim (m)	재스민	jae-seu-min
junípero (m)	두송	du-song
roseira (f)	장미 덤불	jang-mi deom-bul
roseira (f) brava	찔레나무	jjil-le-na-mu

96. Frutos. Bagas

maçã (f)	사과	sa-gwa
pera (f)	배	bae
ameixa (f)	자두	ja-du
morango (m)	딸기	ttal-gi
ginja (f)	신양	si-nyang
cereja (f)	양벚나무	yang-beon-na-mu
uva (f)	포도	po-do
framboesa (f)	라즈베리	ra-jeu-be-ri
groselha (f) negra	블랙커런트	beul-laek-keo-ren-teu
groselha (f) vermelha	레드커런트	re-deu-keo-ren-teu
groselha (f) espinhosa	구스베리	gu-seu-be-ri
oxicoco (m)	크랜베리	keu-raen-be-ri
laranja (f)	오렌지	o-ren-ji
tangerina (f)	귤	gyul
abacaxi (m)	파인애플	pa-in-ae-peul
banana (f)	바나나	ba-na-na
tâmara (f)	대추야자	dae-chu-ya-ja
limão (m)	레몬	re-mon
damasco (m)	살구	sal-gu
pêssego (m)	복숭아	bok-sung-a
quiuí (m)	키위	ki-wi
toranja (f)	자몽	ja-mong
baga (f)	장과	jang-gwa
bagas (f pl)	장과류	jang-gwa-ryu
arando (m) vermelho	월귤나무	wol-gyul-la-mu
morango-silvestre (m)	야생딸기	ya-saeng-ttal-gi
mirtilo (m)	빌베리	bil-be-ri

97. Flores. Plantas

flor (f)	꽃	kkot
buquê (m) de flores	꽃다발	kkot-da-bal

rosa (f)	장미	jang-mi
tulipa (f)	튤립	tyul-lip
cravo (m)	카네이션	ka-ne-i-syeon
gladíolo (m)	글라디올러스	geul-la-di-ol-leo-seu
centáurea (f)	수레국화	su-re-guk-wa
campainha (f)	실잔대	sil-jan-dae
dente-de-leão (m)	민들레	min-deul-le
camomila (f)	캐모마일	kae-mo-ma-il
aloé (m)	알로에	al-lo-e
cacto (m)	선인장	seon-in-jang
fícus (m)	고무나무	go-mu-na-mu
lírio (m)	백합	baek-ap
gerânio (m)	제라늄	je-ra-nyum
jacinto (m)	히아신스	hi-a-sin-seu
mimosa (f)	미모사	mi-mo-sa
narciso (m)	수선화	su-seon-hwa
capuchinha (f)	한련	hal-lyeon
orquídea (f)	난초	nan-cho
peônia (f)	모란	mo-ran
violeta (f)	바이올렛	ba-i-ol-let
amor-perfeito (m)	팬지	paen-ji
não-me-esqueças (m)	물망초	mul-mang-cho
margarida (f)	데이지	de-i-ji
papoula (f)	양귀비	yang-gwi-bi
cânhamo (m)	삼	sam
hortelã, menta (f)	박하	bak-a
lírio-do-vale (m)	은방울꽃	eun-bang-ul-kkot
campânula-branca (f)	스노드롭	seu-no-deu-rop
urtiga (f)	쐐기풀	sswae-gi-pul
azedinha (f)	수영	su-yeong
nenúfar (m)	수련	su-ryeon
samambaia (f)	고사리	go-sa-ri
líquen (m)	이끼	i-kki
estufa (f)	온실	on-sil
gramado (m)	잔디	jan-di
canteiro (m) de flores	꽃밭	kkot-bat
planta (f)	식물	sing-mul
grama (f)	풀	pul
folha (f) de grama	풀잎	pu-rip
folha (f)	잎	ip
pétala (f)	꽃잎	kko-chip
talo (m)	줄기	jul-gi
tubérculo (m)	구근	gu-geun
broto, rebento (m)	새싹	sae-ssak

espinho (m)	가시	ga-si
florescer (vi)	피우다	pi-u-da
murchar (vi)	시들다	si-deul-da
cheiro (m)	향기	hyang-gi
cortar (flores)	자르다	ja-reu-da
colher (uma flor)	따다	tta-da

98. Cereais, grãos

grão (m)	곡물	gong-mul
cereais (plantas)	곡류	gong-nyu
espiga (f)	이삭	i-sak

trigo (m)	밀	mil
centeio (m)	호밀	ho-mil
aveia (f)	귀리	gwi-ri
painço (m)	수수, 기장	su-su, gi-jang
cevada (f)	보리	bo-ri

milho (m)	옥수수	ok-su-su
arroz (m)	쌀	ssal
trigo-sarraceno (m)	메밀	me-mil

ervilha (f)	완두	wan-du
feijão (m) roxo	강낭콩	gang-nang-kong
soja (f)	콩	kong
lentilha (f)	렌즈콩	ren-jeu-kong
feijão (m)	콩	kong

PAÍSES DO MUNDO

99. Países. Parte 1

Afeganistão (m)	아프가니스탄	a-peu-ga-ni-seu-tan
África (f) do Sul	남아프리카 공화국	nam-a-peu-ri-ka gong-hwa-guk
Albânia (f)	알바니아	al-ba-ni-a
Alemanha (f)	독일	do-gil
Arábia (f) Saudita	사우디아라비아	sa-u-di-a-ra-bi-a
Argentina (f)	아르헨티나	a-reu-hen-ti-na
Armênia (f)	아르메니아	a-reu-me-ni-a
Austrália (f)	호주	ho-ju
Áustria (f)	오스트리아	o-seu-teu-ri-a
Azerbaijão (m)	아제르바이잔	a-je-reu-ba-i-jan
Bahamas (f pl)	바하마	ba-ha-ma
Bangladesh (m)	방글라데시	bang-geul-la-de-si
Bélgica (f)	벨기에	bel-gi-e
Belarus	벨로루시	bel-lo-ru-si
Bolívia (f)	볼리비아	bol-li-bi-a
Bósnia e Herzegovina (f)	보스니아 헤르체코비나	bo-seu-ni-a he-reu-che-ko-bi-na
Brasil (m)	브라질	beu-ra-jil
Bulgária (f)	불가리아	bul-ga-ri-a
Camboja (f)	캄보디아	kam-bo-di-a
Canadá (m)	캐나다	kae-na-da
Cazaquistão (m)	카자흐스탄	ka-ja-heu-seu-tan
Chile (m)	칠레	chil-le
China (f)	중국	jung-guk
Chipre (m)	키프로스	ki-peu-ro-seu
Colômbia (f)	콜롬비아	kol-lom-bi-a
Coreia (f) do Norte	북한	buk-an
Coreia (f) do Sul	한국	han-guk
Croácia (f)	크로아티아	keu-ro-a-ti-a
Cuba (f)	쿠바	ku-ba
Dinamarca (f)	덴마크	den-ma-keu
Egito (m)	이집트	i-jip-teu
Emirados Árabes Unidos	아랍에미리트	a-ra-be-mi-ri-teu
Equador (m)	에콰도르	e-kwa-do-reu
Escócia (f)	스코틀랜드	seu-ko-teul-laen-deu
Eslováquia (f)	슬로바키아	seul-lo-ba-ki-a
Eslovênia (f)	슬로베니아	seul-lo-be-ni-a
Espanha (f)	스페인	seu-pe-in
Estados Unidos da América	미국	mi-guk
Estônia (f)	에스토니아	e-seu-to-ni-a

| Finlândia (f) | 핀란드 | pil-lan-deu |
| França (f) | 프랑스 | peu-rang-seu |

100. Países. Parte 2

Gana (f)	가나	ga-na
Geórgia (f)	그루지야	geu-ru-ji-ya
Grã-Bretanha (f)	영국	yeong-guk
Grécia (f)	그리스	geu-ri-seu
Haiti (m)	아이티	a-i-ti
Hungria (f)	헝가리	heong-ga-ri
Índia (f)	인도	in-do

Indonésia (f)	인도네시아	in-do-ne-si-a
Inglaterra (f)	잉글랜드	ing-geul-laen-deu
Irã (m)	이란	i-ran
Iraque (m)	이라크	i-ra-keu
Irlanda (f)	아일랜드	a-il-laen-deu
Islândia (f)	아이슬란드	a-i-seul-lan-deu
Israel (m)	이스라엘	i-seu-ra-el

Itália (f)	이탈리아	i-tal-li-a
Jamaica (f)	자메이카	ja-me-i-ka
Japão (m)	일본	il-bon
Jordânia (f)	요르단	yo-reu-dan
Kuwait (m)	쿠웨이트	ku-we-i-teu

| Laos (m) | 라오스 | ra-o-seu |
| Letônia (f) | 라트비아 | ra-teu-bi-a |

Líbano (m)	레바논	re-ba-non
Líbia (f)	리비아	ri-bi-a
Liechtenstein (m)	리히텐슈타인	ri-hi-ten-syu-ta-in
Lituânia (f)	리투아니아	ri-tu-a-ni-a
Luxemburgo (m)	룩셈부르크	ruk-sem-bu-reu-keu

| Macedônia (f) | 마케도니아 | ma-ke-do-ni-a |
| Madagascar (m) | 마다가스카르 | ma-da-ga-seu-ka-reu |

Malásia (f)	말레이시아	mal-le-i-si-a
Malta (f)	몰타	mol-ta
Marrocos	모로코	mo-ro-ko
México (m)	멕시코	mek-si-ko
Birmânia (f)	미얀마	mi-yan-ma

| Moldávia (f) | 몰도바 | mol-do-ba |
| Mônaco (m) | 모나코 | mo-na-ko |

Mongólia (f)	몽골	mong-gol
Montenegro (m)	몬테네그로	mon-te-ne-geu-ro
Namíbia (f)	나미비아	na-mi-bi-a
Nepal (m)	네팔	ne-pal
Noruega (f)	노르웨이	no-reu-we-i
Nova Zelândia (f)	뉴질랜드	nyu-jil-laen-deu

101. Países. Parte 3

Países Baixos (m pl)	네덜란드	ne-deol-lan-deu
Palestina (f)	팔레스타인	pal-le-seu-ta-in
Panamá (m)	파나마	pa-na-ma
Paquistão (m)	파키스탄	pa-ki-seu-tan
Paraguai (m)	파라과이	pa-ra-gwa-i
Peru (m)	페루	pe-ru
Polinésia (f) Francesa	폴리네시아	pol-li-ne-si-a
Polônia (f)	폴란드	pol-lan-deu
Portugal (m)	포르투갈	po-reu-tu-gal
Quênia (f)	케냐	ke-nya
Quirguistão (m)	키르기스스탄	ki-reu-gi-seu-seu-tan
República (f) Checa	체코	che-ko
República Dominicana	도미니카 공화국	do-mi-ni-ka gong-hwa-guk
Romênia (f)	루마니아	ru-ma-ni-a
Rússia (f)	러시아	reo-si-a
Senegal (m)	세네갈	se-ne-gal
Sérvia (f)	세르비아	se-reu-bi-a
Síria (f)	시리아	si-ri-a
Suécia (f)	스웨덴	seu-we-den
Suíça (f)	스위스	seu-wi-seu
Suriname (m)	수리남	su-ri-nam
Tailândia (f)	태국	tae-guk
Taiwan (m)	대만	dae-man
Tajiquistão (m)	타지키스탄	ta-ji-ki-seu-tan
Tanzânia (f)	탄자니아	tan-ja-ni-a
Tasmânia (f)	태즈메이니아	tae-jeu-me-i-ni-a
Tunísia (f)	튀니지	twi-ni-ji
Turquemenistão (m)	투르크메니스탄	tu-reu-keu-me-ni-seu-tan
Turquia (f)	터키	teo-ki
Ucrânia (f)	우크라이나	u-keu-ra-i-na
Uruguai (m)	우루과이	u-ru-gwa-i
Uzbequistão (f)	우즈베키스탄	u-jeu-be-ki-seu-tan
Vaticano (m)	바티칸	ba-ti-kan
Venezuela (f)	베네수엘라	be-ne-su-el-la
Vietnã (m)	베트남	be-teu-nam
Zanzibar (m)	잔지바르	jan-ji-ba-reu

www.ingramcontent.com/pod-product-compliance
Lightning Source LLC
Chambersburg PA
CBHW070825050426
42452CB00011B/2190